***ACCESO GRATIS** a la Lectura en la Nube*

Para visualizar el libro electrónico en la nube de lectura envíe junto a su nombre y apellidos una fotografía del código de barras situado en la contraportada del libro y otra del ticket de compra a la dirección:

ebooktirant@tirant.com

En un máximo de 72 horas laborales le enviaremos el código de acceso con sus instrucciones.

AVANZANDO EN LOS OBJETIVOS DEL DESARROLLO SOSTENIBLE A TRAVÉS DEL MARISQUEO: MUJERES PIONERAS

Procedimiento de selección de originales, ver página web:
www.tirant.net/index.php/editorial/procedimiento-de-seleccion-de-originales

AVANZANDO EN LOS OBJETIVOS DEL DESARROLLO SOSTENIBLE A TRAVÉS DEL MARISQUEO: MUJERES PIONERAS

Mª Asunción López Arranz

Xose Picatoste

Fernando González Laxe

tirant lo blanch
Valencia, 2025

En caso de erratas y actualizaciones, la Editorial Tirant lo Blanch publicará la pertinente corrección en la página web www.tirant.com.

La presente obra ha sido sometida a la revisión de pares ciegos según el protocolo de publicación de la editorial a efectos de ofrecer el rigor y calidad correspondiente tanto en su contenido como en su forma, aplicándose los criterios específicos aprobados por la Comisión Nacional E 016 (BOE num. 286, de 26 de noviembre de 2016).

EDITA: TIRANT LO BLANCH
C/ Artes Gráficas, 14 - 46010 - Valencia
TELFS.: 96/361 00 48 - 50
FAX: 96/369 41 51
Email: tlb@tirant.com
www.tirant.com
Librería virtual: www.tirant.es
DEPÓSITO LEGAL: V-4034-2024
ISBN: 978-84-1071-006-1

Si tiene alguna queja o sugerencia, envíenos un mail a: *atencioncliente@tirant.com*. En caso de no ser atendida su sugerencia, por favor, lea en *www.tirant.net/index.php/empresa/politicas-de-empresa* nuestro procedimiento de quejas.

Responsabilidad Social Corporativa: http://www.tirant.net/Docs/RSCTirant.pdf

Índice

Resumen

Las actividades económicas del sector primario están vinculadas principalmente a la sostenibilidad, especialmente en lo que se refiere a la vida marina, preocupación reflejada en el Objetivo de Desarrollo Sostenible 14. El contacto directo con la naturaleza afecta a la preservación del medio ambiente y de las especies; son actividades localizadas en espacios geográficos concretos, en particular en el caso del marisqueo a pie. En esta investigación se presenta el caso del marisqueo en Galicia (Noroeste de España), uno de los pocos lugares donde las mujeres realizan mayoritariamente esta actividad, de orígenes ancestrales, así, el tema tratado también está relacionado con la igualdad de género, objetivo 5 del Desarrollo Sostenible. El papel de las mujeres mariscadoras se analiza desde los enfoques social, económico y medioambiental. Esta tarea fue una de las primeras actividades laborales en las que las mujeres se incorporaron al trabajo remunerado por ser compatible con las tareas domésticas. Se comprueba que la profesionalización de esta actividad ha atraído, en los últimos años, el interés masculino, convirtiéndola ahora en una actividad mixta de género. El análisis cualitativo, se ha complementado mediante clúster y regresión lineal, para el tratamiento de los datos aportados por la Xunta de Galicia, conjuntamente con la obtención de datos primarios a través de entrevistas en profundidad realizadas en la cofradía de Ferrol, han permitido tener una visión panorámica de las principales inquietudes y problemática de sector, así como de las enfermedades profesionales, la necesidad de apoyo institucional y la implicación de las personas mariscadoras con la preservación del medioambiente y la biodiversidad en la costa, entre otros resultados relevantes.

Prólogo

Esta investigación analiza las características de la actividad marisquera, en el marco de los Objetivos del Desarrollo Sostenible (ODS) establecidos por las Naciones Unidas y suscritos, de forma generalizada, internacionalmente, y conocidos como Agenda 2030. La defensa medioambiental se enmarca en una sociedad inclusiva, donde las personas son las protagonistas, y han acordado trabajar por un futuro común sostenible, sin dejar a nadie atrás y manteniendo las estructuras ambientales, económicas y sociales en condiciones de poder garantizar a la sociedad actual y a la futura su pervivencia cumpliendo estas premisas. Ha sido precisamente la generalización de este pensamiento, resumido en los ODS, lo que ha visibilizado la labor de las mariscadoras gallegas como precursoras de esta forma de actuar, que han seguido de forma natural desde el inicio de su actividad.

Es por ello que, en base a la revisión de los ODS de forma individual y en su conjunto, al análisis de los datos oficiales disponibles, principalmente del Instituto Gallego de Estadística, y a datos primarios, recabados por los investigadores que han realizado este trabajo, han procedido a realizar los correspondientes análisis estadísticos y econométricos, conjuntamente con la interpretación organizada de las opiniones de las mariscadoras, se ha podido presentar un amplio panorama de las principales características del marisqueo, poniendo de manifiesto sus fortalezas, en particular en relación con los ODS, y haciendo particular mención a los posibles riesgos o debilidades, señaladas por las personas que en la actualidad están involucradas en el marisqueo.

El marisqueo se conceptualiza como una actividad de recolección, en la que los trabajadores recogen mariscos de las costas y áreas intermareales para su subsistencia y comercialización. Esta actividad es común en muchas regiones del mundo, pero tiene una especial relevancia en Galicia. Se realiza en entornos naturales muy especiales y poco frecuentes, que dan lugar a un ecosistema propicio para la cría y desarrollo de las especies que se pretenden recolectar. Su trabajo consiste en la extracción y recolección de molusco, a pie o a flote, utilizando varias técnicas tradicionales y sostenibles como son la fisga, el burato, el angazo, el sacho y el ganchelo, entre otras. Todas ellas son artes de pesca tradicionales que se mantienen gracias a dicho colectivo y en beneficio de la sostenibilidad de la recolección y del mantenimiento de los ecosistemas marinos. Esta actividad se complementa con actividades de limpieza, siembra y vigilancia para evitar los abusos en la extracción del producto que pongan en peligro a los bancos marisqueros. Sin embargo, para algunas instituciones, como la comunitaria, no resulta fácil comprender el valor de su actividad y de su contribución al desarrollo económico y social de los entornos costeros y su aportación al concepto de sostenibilidad y aplicación de los principios ecosistémicos y de precaución. La razón es que muchas de ellas han considerado esta tarea como temporal, complementaria y de ayuda a la economía familiar; con un escaso valor y cualificación, fruto de roles y tareas asentadas en la tradición de la zona. Dicho comportamiento es producto de fuertes y arraigadas tradiciones, normas y costumbres.

Estos rasgos fueron fundamentales para que las mariscadoras demandaran el reconocimiento de su profesión ante la Comisión de Pesca del Parlamento Europea en sus debates sobre la pesca artesanal y de pequeña escala y, sobre todo, cuando tienen lugar las revisiones y reformas de la política pesquera comunitaria. Ellas son un puntal de la economía, la sociedad y la cultura de Galicia, su actividad ha dejado de ser complementaria o de apoyo a la economía familiar para ser un medio de vida cada vez más valorado, siendo hoy una profesión conocida, que permite que muchas de estas mujeres puedan ser las principales proveedoras de las rentas de su unidad familiar. Estas mujeres trabajadoras, han tenido que llevar a cabo durante años un programa de estrategias productivas, económicas y, sobre todo, organizativas para alcanzar la situación actual. Para ello, las autoridades públicas apoyaron la profesionalización, así como la organización del sector y un fomento de la concienciación de cara a la necesaria autoorganización. Fruto de ello es el fuerte asociacionismo, rasgo fundamental para el desarrollo y mejora de la actividad. De hecho, la creación de asociaciones u organizaciones de mariscadoras ha proliferado en la última década, a pesar de que el marisqueo a pie es una actividad que se regula de forma individual. Ello supone que la creación de asociaciones u organizaciones fue el resultado de situaciones de crisis o bien como respuesta a la invisibilidad de su trabajo o a la escasez de recursos. La fórmula asociativa más extendida son las Cofradías de Pescadores y, dentro de estas organizaciones, las agrupaciones sectoriales, llamadas Agrupaciones de Mariscadoras. Realizan actividades de dirección, gestión y control de los recursos, además de planificar el proceso productivo en base a un plan de explotación dictaminado por la Administración. Diariamente son las Cofradías quienes determinan la cantidad de marisco que cada una de las mariscadoras puede recolectar, son los llamados cupos. Saben que el marisco es su fuente de riqueza y si quieren asegurarse un futuro tienen que respetar en el presente.

Para llegar a la situación actual, las mariscadoras han evolucionado, dejado su mentalidad individual, para pasar a una mentalidad colectiva; hablar con una sola voz, que vele por sus derechos y reclame mejoras y avances para esta profesión. Así, las mariscadoras han conseguido metas que jamás hubiesen conseguido de forma individual. La actividad marisquera empieza a transformarse. En primer lugar, los permisos de marisqueo han ido decreciendo a lo largo del tiempo. En segundo término, en los últimos diez años, se asiste a un fuerte envejecimiento; o, un menor atractivo para la gente joven. En tercer lugar, se aprecia una reciente dinámica atractiva para los hombres, sobre todo para los mayores de 50. Y, finalmente, una ligera desfeminización de la actividad, con un descenso paulatino del número de mujeres. Dichos rasgos, responden a cambios singulares que tienen una explicación derivada de las crisis económicas, de los niveles de incertidumbre, de la capacidad de creación de empresas en el entorno y de la dificultad de desplazamiento de la población. Los datos son relevantes, en la medida que los hombres que representaban una novena parte de los permisos de marisqueo en 2009, pasan a congregar un tercio del total en 2022. Lo que significa que las mujeres mariscadoras pierden más de mil puestos de trabajo en el marisqueo, equivalente a un tercio en los últimos doce años.

Respecto a la participación de los hombres mayores de 50 años, esta dinámica sugiere que las decisiones de jubilación anticipadas o las situaciones derivadas de las reestructuraciones empresariales, estimulan en los hombres una nueva vocación o de empleo complementario: el marisqueo. Los datos nos dicen que en 2009 había contabilizados un total 106 varones mayores de 50 años, y en 2022, dicha cifra había sobrepasado los 300 (multiplicado por tres). En cambio, para las mujeres mariscadoras mayores de 50 años, la dinámica es la contraria: descendiendo de 2.333 mujeres en 2009 a menos de 1.500 mujeres mariscadoras en 2022.

En este contexto, enmarcado en la preocupación internacional, nacional y autonómica sobre el desarrollo sostenible, las mariscadoras han sido pioneras en diversos aspectos, que en su momento no reclamaban la atención ni de la sociedad ni de los gestores políticos. El respaldo unánime a la Agenda 2030 ha resaltado el valor de esta actividad para lograr el desarrollo económico sostenido, sostenible e inclusivo: el trabajo en el marisqueo viene de muy atrás y parece que continuará en el futuro (sostenido), ha preservado el entorno social y también ambiental, cuidando los mares y la biodiversidad que en ellos se desarrolla (sostenible) y que, se ha abierto a toda la población, por tanto, inclusivo.

Interpretar el marisqueo en el contexto del carácter universal y transversal de los ODS, lo identifica como un modo de hacer, de producir, de colaborar, de organizarse, una forma de vida en sintonía con la naturaleza y con la cooperación entre personas y comunidades y por ello todos los ODS, de una u otra forma están vinculados directa o indirectamente el marisqueo en Galicia, el cual, además, merece ocupar el lugar que le corresponde, por su impulso a los ODS.

En este trabajo se ha comprobado que las tareas de marisqueo precisan de atención por parte de las administraciones, para que las personas que han aupado a Galicia al podio de la sostenibilidad, puedan tener también un espacio, acorde al ODS 8, con un trabajo digno y decente, una vida saludable (que reclaman), con capacidad para conciliar trabajo y familia. En suma, una actividad de fuerte tradición histórica empieza a mostrar rasgos de transformación y adaptación a nuevas circunstancias. Seguro que esta dinámica genera una preocupación en las esferas institucionales y es un buen tema para continuar investigando en los próximos años.

La investigación presentada, permite reclamar para Galicia y para las mariscadoras un lugar como pioneras en el impulso de los ODS, al tiempo que alerta a las administraciones de las demandas de las personas involucradas en la actividad del marisqueo, para lograr continuar con este oficio ancestral y artesanal, única en el mundo, y ejemplo de sostenibilidad ambiental, social y económica.

1. Introducción

Son muchos y muy variados los aspectos que configuran las distintas comunidades y su forma de organización económica y social. El caso de Galicia, con una larga trayectoria histórica, con su diversidad geográfica y su característico litoral, incomparable a ningún otro, ha conformado un modo de vida en el que el Atlántico se ha convertido en un actor principal. Las actividades pesqueras y las industrias relacionadas con el mar son un eje principal no sólo en la economía de Galicia, sino también en el modus vivendi de sus habitantes. La preservación de la riqueza natural de Galicia y el apego a la tierra, al mar, a la naturaleza en general, se podría considerar una característica única. De ahí que slogans como "vivamos como galegos" o el sentimiento de "morriña" propio de los gallegos hayan trascendido las fronteras propias del territorio de Breogán.

Las Naciones Unidas han proclamado la necesidad de lograr un crecimiento sostenido, sostenible e inclusivo, donde se garantice el bienestar de todas y cada una de las personas, en un territorio y medioambiente saludable y conservado adecuadamente para las generaciones futuras. Esta proclama se ha recogido en diversos documentos, entre los que destacan los Objetivos del Desarrollo Sostenible (UN General Assembly, 2015). El cumplimiento de estas metas, también conocidas como Agenda 2030, está especialmente alineado con los intereses de Galicia y sus habitantes.

Un ejemplo paradigmático de la simbiosis de la persona y naturaleza se encuentra en las actividades de mantenimiento y conservación del litoral y de sus especies, que, además de constituir un sustento y suponer una actividad económica, determinan una organización social determinada. Desde tiempo inmemorial en Galicia se ha convivido con el mar, con su biodiversidad, con su placidez y su dureza y se ha utilizado como recurso productivo, de ocio, de socialización y medio de vida esencial.

La actividad marisquera, más allá de su vertiente económica, ambiental y social (con un componente de género propio e inusualmente precursor), forma parte de la idiosincrasia de Galicia y es inherente a su propia naturaleza, por ello del máximo interés en el terreno socioeconómico y ambiental.

La investigación que aquí se presenta es extremadamente interesante para Galicia y todas sus comarcas, pero también es un ejemplo para el resto de España y para el mundo en general, porque supone un ejemplo de trabajo ancestral que cumple con los objetivos que la ONU ha marcado en 2015 (UN General Assembly, 2015) y que en la actualidad todavía están lejos de ser conseguidos en su totalidad.

En esta investigación se estudia una temática muy relevante en Galicia, que afecta a todo el litoral y su forma de vida, y que constituye un ejemplo de como una población responsable y comprometida con su hábitat natural se ha conjurado para mantenerlo y preservarlo durante siglos, al tiempo que disfrutaba de su rendimiento económico y social. El aspecto concreto que se estudia en esta investigación es la alineación de la actividad marisquera en Galicia en general y en Ferrol, en particular, con los Objetivos del Desarrollo Sostenible, de forma natural, sin seguir dictados ni normas, simplemente porque la sensibilidad humana de esta tierra celta ha sabido anticiparse, trabajando de forma sostenida, sostenible e inclusiva, dando trabajo a las mujeres, desde tiempos remotos. Es decir, se trata de una actividad internalizada en el modus operandi de las mariscadoras, que se ha hecho siempre así, de forma artesanal, inclusiva y sostenible, desde mucho antes de que se hiciese "viral" la preocupación medioambiental y el compromiso con la inclusión social. Así, se sigue haciendo hoy y se seguirá haciendo en el futuro, por eso, la visibilización de esta actividad y el reconocimiento del trabajo abnegado de las personas que, generación tras generación, se han comprometido con el mismo, merece el máximo interés y, por ello, es el objeto de estudio de esta investigación.

El conocimiento y visibilización de este trabajo, más allá de un ejemplo para el mundo, debe ser transmitido a las nuevas generaciones de gallegos y de habitantes de todo el planeta, porque, aparte del merecimiento de este reconocimiento, está la necesidad de que se reproduzca esta forma de trabajar en el futuro y se explore la aplicabilidad en otras actividades económicas. De esta forma se fomentará el cumplimiento de los Objetivos del Desarrollo Sostenible (ODS) propuestos por las Naciones Unidas (UN General Assembly, 2015).

A nivel metodológico se presenta una combinación de técnicas estadísticas, econométricas y de naturaleza cualitativa, que hacen que la información recibida de fuentes secundarias, procedente de las estadísticas oficiales, conjuntamente con los datos primarios, recabados directamente de las personas mariscadoras, permitan tener una visión muy precisa de la situación, debido a la complementariedad de dichos recursos y de las técnicas de investigación aplicadas.

GALICIA: DONDE EL MARISQUEO ENCUENTRA SU ESENCIA

La historia del marisqueo es tan antigua como la propia historia de Galicia. Contribuye a la singularidad y pluralidad de las culturas española y europea. Esta tierra, de cultura celta, donde se encuentra el "Finisterrae", goza de una cultura ancestral en la que son imprescindibles estas mujeres que tienen el mar como forma de vida. Las mariscadoras, no sólo viven del mar, sino que cuidan de él, y de los seres que lo habitan. Conocían la importancia de cuidar el medio ambiente mucho antes de que la "sostenibilidad" formara parte del vocabulario cotidiano. Galicia es una región con una notable riqueza en recursos naturales, caracterizada por su extensa costa y abundancia de recursos marinos. Sin embargo, su desarrollo industrial ha sido tradicionalmente más bajo en comparación con otras regiones de España, en parte debido a su geografía montañosa que ha contribuido a su relativo aislamiento (Rodríguez-Pose & Fratesi, 2004). Este aislamiento ha influido en que la población gallega mire al mar como su principal fuente de bienestar y desarrollo económico. La pesca y el marisqueo han sido actividades económicas fundamentales, proporcionando sustento y empleo a numerosas familias gallegas (European Commission, 2016).

Las mujeres gallegas han jugado un rol crucial tanto en la economía doméstica como en las actividades marítimas. Históricamente, han sido muy trabajadoras, participando en la recolección de mariscos y otros recursos marinos, mientras también se ocupaban de las labores del hogar (Pita et al., 2010). Su contribución no solo ha sido económica, sino también cultural, preservando tradiciones y prácticas sostenibles que benefician tanto a la comunidad como al medio ambiente (Frangoudes & Pascual-Fernández, 2018).

Aunque no es posible rastrear con exactitud el origen de esta actividad, sabemos muy bien cuándo empezaron a organizarse. En los últimos años del siglo XX, las mariscadoras gallegas pudieron por fin integrarse en un registro oficial, con regulación y protección jurídica. Un avance significativo en esta actividad se produjo cuando las mariscadoras comprendieron que, para sobrevivir, debían pasar de la simple extracción al marisqueo en un sentido mucho más amplio. Hoy en día, el marisqueo a pie ya no significa recorrer las playas en busca de almejas. Las mariscadoras llevan a cabo un largo y arduo ciclo que comienza con la recogida de semillas o almejas pequeñas, que se introducen en bolsas para evitar su dispersión y controlar su crecimiento. Una vez que alcanzan una determinada madurez, hay que seleccionarlas, y las que quedan vivas se plantan en la arena (previamente, hay que limpiar la arena y privarla de depredadores). Por último, el marisco se recoge una vez que ha completado su ciclo de crecimiento (O Marisqueo Galego, 2022).

El marisqueo no es una actividad de nuestros días, sino que se remonta a épocas históricas. Ha sido llevado a cabo principalmente por mujeres e incluso por niños (Frangoudes et al., 2008) desde hace siglos. Es por lo tanto una actividad que ha servido para cubrir las necesidades de nuestros antepasados. En unos primeros momentos de la evolución estas necesidades fueron alimenticias o de aplicación a las necesidades de vida e incluso de ritos funerarios, para pasar posteriormente a servir de moneda de intercambio y posteriormente de complemento a la economía familiar.

Así, el aprovechamiento del mar ya queda reflejado en diversos estudios de la cultura castreña en su doble faceta de marisqueo y pesca. Tanto desde su nacimiento hasta el cambio de era, esta actividad consistía en la explotación de los recursos marisqueos susceptibles de ser capturados, tanto en la arena como en las rocas, en las inmediaciones de los castros, así como la pesca con artes sencillas desde tierra o en pequeñas embarcaciones muy cerca de la costa. Iba dirigido al consumo y también a la construcción dado que las conchas se utilizaban para ello (Vázquez y Rodríguez, 1998).

En el caso romano galaico, aunque ya se avanzó en el sistema de pesca el marisqueo continuo en su actividad para el consumo dado que este era muy apreciado y así se han encontrado grandes cantidades de este molusco en las villas romanas, concretamente de las elites romanas más que de la población en general. El intercambio de estos productos se realizaba a cambio de cerámica o vidrio (Pérez 1991).

La evolución continuó a lo largo de la historia hasta llegar a nuestros días, el marisqueo en las riberas marítimas es una antigua practica explotada familiarmente buscando subsistencia y posteriormente unos ingresos adicionales generalmente para complementar los ingresos de los esposos o padres. Esta actividad ha tenido un carácter subsidiario las mariscadoras se han ocupado de la familia la casas y de la extracción de los moluscos (Broullon, 2010).

Ilustración 1. Foto de mariscadoras en el año 1934

Fuente: Ministério de agricultura 1934

El marisqueo es un fenómeno poliédrico con componentes culturales, económicos, sociales, jurídicos y antropológicos (Mahou, 2008). Se trataba de una profesión feminizada que se ha mantenido en el tiempo con la utilización de medios artesanales y bajo medidas de sostenibilidad al extraer sus recursos que la mantiene dentro de las premisas de una actividad ecológica y de cuidado del medio ambiente por lo tanto de plena actualidad para un siglo XXI caracterizado por la preocupación por los mares y el cambio climático (Pardellas, 1989), tal como se muestra en la Ilustración 1. En la actualidad, la actividad continúa siendo totalmente artesanal, pero, además de la generalización para ambos sexos, se cuenta con instrumental más adecuado (véase Ilustración 2).

Ilustración 2. Material fotografiado en la cofradía de Ferrol

Fuente: elaboración propia.

Se han hecho trabajos muy interesantes sobre el sector pesquero y marisquero en Galicia y su gobernanza (Caballero Miguez et al., 2008; Frangoudes et al., 2008; García Lorenzo, 2021), algunos de ellos, como el de Alló y Loureiro (2017), realizados con datos primarios, que han puesto de manifiesto la importancia de esta actividad en diversos aspectos, entre ellos el de la sostenibilidad ambiental.

Galicia es una de las regiones marisqueras más importantes de la Unión Europea y este trabajo analiza el sector marisquero gallego bajo un nuevo enfoque de economía institucional. El trabajo estudia varios temas que caracteriza la relación entre las normas institucionales y la gestión del marisqueo en Galicia.

BREVE REFERENCIA A LOS ODS

El cumplimiento de los Objetivos del Desarrollo Sostenible han sido asumidos internacionalmente y, en particular por el gobierno de España Gobierno de España (2021)[1], y por la Xunta de Galicia "*La Agenda 2030 de Desarrollo Sostenible, aprobada en el marco de Naciones Unidas, convoca al conjunto de la comunidad internacional, incluyendo a países desarrollados y a gobiernos regionales, lo que interpela directamente a actores como la Xunta de Galicia." (Xunta de Galicia, 2018)*

Los objetivos del desarrollo sostenible son los diecisiete que se relacionan a continuación. Para el desarrollo de estos ODS, se han estableció 169 metas, cada una de ellas con indicadores específicos para su seguimiento (Ilustración 3 e Ilustración 4).

---

1 "La Ley 12/1989, de 9 de mayo, de la Función Estadística Pública (LFEP) asigna al INE, entre otras funciones, la coordinación general de los servicios estadísticos de la Administración Estatal y la ejecución de las operaciones estadísticas que le encomienda el Plan Estadístico Nacional. En particular, mediante el Programa anual 2018 se incluyó en el Plan Estadístico Nacional una nueva operación estadística denominada Indicadores de la Agenda 2030 para el Desarrollo Sostenible, cuyo objetivo es constituir un marco de indicadores estadísticos para el seguimiento a nivel nacional de los Objetivos y Metas de la Agenda 2030 para el Desarrollo Sostenible. Esta operación estadística cuya responsabilidad recae en el INE, se realiza en colaboración con los servicios estadísticos de los ministerios, los cuales se encargan de la elaboración de numerosos indicadores. Se trata de una estadística de síntesis que utiliza datos y resultados procedentes de diversas fuentes para la obtención de los indicadores."

Ilustración 3. Los ODS

Fuente: Naciones Unidas.

- Objetivo 1: Poner fin a la pobreza en todas sus formas en todo el mundo.
- Objetivo 2: Poner fin al hambre, lograr la seguridad alimentaria y la mejora de la nutrición y promover la agricultura sostenible.
- Objetivo 3: Garantizar una vida sana y promover el bienestar de todos a todas las edades.
- Objetivo 4: Garantizar una educación inclusiva y equitativa de calidad y promover oportunidades de aprendizaje permanente para todos.
- Objetivo 5: Lograr la igualdad de género y empoderar a todas la mujeres y las niñas.
- Objetivo 6: Garantizar la disponibilidad y la gestión sostenible del agua y el saneamiento para todos.
- Objetivo 7: Garantizar el acceso a una energía asequible, fiable, sostenible y moderna para todos
- Objetivo 8: Promover el crecimiento económico sostenido, inclusivo y sostenible, el empleo pleno y productivo y el trabajo decente para todos.

- Objetivo 9: Construir infraestructuras resilientes, promover la industrialización inclusiva y sostenible y fomentar la innovación.
- Objetivo 10: Reducir la desigualdad en los países y entre ellos
- Objetivo 11: Lograr que las ciudades y los asentamientos humanos sean inclusivos, seguros, resilientes y sostenibles.
- Objetivo 12: Garantizar modalidades de consumo y producción sostenibles.
- Objetivo 13: Adoptar medidas urgentes para combatir el cambio climático y sus efectos.
- Objetivo 14: Conservar y utilizar sosteniblemente los océanos, los mares y los recursos marinos para el desarrollo sostenible
- Objetivo 15: Proteger, restablecer y promover el uso sostenible de los ecosistemas terrestres, gestionar sosteniblemente los bosques, luchar contra la desertificación, detener e invertir la degradación de las tierras y detener la pérdida de biodiversidad.
- Objetivo 16: Promover sociedades pacíficas e inclusivas para el desarrollo sostenible, facilitar el acceso a la justicia para todos y construir a todos los niveles instituciones eficaces e inclusivas que rindan cuentas.
- Objetivo 17: Fortalecer los medios de implementación y revitalizar la Alianza Mundial para el Desarrollo Sostenible.

La recolección artesanal de mariscos en Galicia respalda varios de los Objetivos de Desarrollo Sostenible. El objetivo número catorce es la conservvación y el uso sostenible de los océanos, los mares y los recursos marinos para la vida marina. El marisqueo, o la recolección sostenible de mariscos, promueve la conservación tanto de la biodiversidad marina como de los océanos. Las mariscadoras gallegas, con su conocimiento basado en la tradición y la técnica de sostenibilidad, tienen un papel muy importante en la conservación de los recursos marinos (Frangoudes & Pascual-Fernández, 2018).

El marisqueo artesanal también contribuye a la agenda del ODS 8 (Trabajo decente y crecimiento económico). Proporciona empleo a miles de familias y es sinónimo de la vida y los ingresos de las mujeres gallegas, que han logrado independencia económica de esta manera, mediante la recogida de mariscos. El crecimiento económico sostenible, así como un trabajo productivo y decente que promueva la igualdad de oportunidades laborales justas, es también otro resultado importante, y el marisqueo local es uno de los éxitos logrados a nivel local en esta dimensión (FAO, 2020).

Por último, el marisqueo está directamente vinculado con el ODS 1 (Fin de la pobreza) y el ODS 5 (Igualdad de género). La recolección de mariscos también es efectiva en la reducción de la pobreza en las comunidades costeras a través de ingresos estables y sostenibles. También tiene efectos que empoderan a las mujeres mariscadoras y mejoran la igualdad de género y las condiciones de vida. El rol de las mujeres en la cadena de valor de los productos pesqueros, su imagen como un defensor de los recursos naturales y la contribución que hacen en términos de valor para la realización de la igualdad de género y el desarrollo de una sociedad inclusiva van de la mano con los aspectos del bienestar humano (European Commission, 2016; Pita et al., 2010).

Ilustración 4. Logotipo de los ODS

Fuente: Naciones Unidas

Este trabajo de investigación se estructura de la siguiente forma: tras esta introducción, que constituye el primer apartado, se plantea el objetivo general y los objetivos específicos, a continuación (sección tercera) se analizan las características fundamentales de trabajo de marisqueo a modo de contextualización de dicha actividad, para continuar en la sección cuarta con un análisis del entorno jurídico en el que se realiza la labor del marisqueo y el esquema básico de organización en cofradías. Después de estas argumentaciones, se explica la metodología aplicada de forma sintética, explicando la complementariedad de las metodologías cualitativa y cuantitativa que se utilizan (sección quinta) y se detallan los resultados obtenidos en la sección sexta, para dar paso a la presentación de las principales conclusiones y breves recomendaciones, en la sección séptima. En la parte final, se hace referencia a la aplicabilidad del trabajo (sección octava) y a las posibilidades de transferencia (sección novena), para terminar con la relación de las referencias bibliográficas. Además, se aporta el cuestionario utilizado, a modo de anexo.

2. Aspectos Clave y Singularidades del Trabajo en el Marisqueo

El trabajo de las mujeres a lo largo de la historia ha permanecido en muchas ocasiones oculto bajo el manto del trabajo doméstico, al mismo tiempo que ha sido minusvalorado ya que su aportación económica y social rara vez ha sido susceptible de cuantificación, de forma que se ha llegado, incluso, a asumir que esta mujeres, cuyo trabajo estaba invisibilizado, constituían una clase pasiva que no aportaba valor socioeconómico, más allá del propio de los cuidados en el ámbito familiar, lo que, por otra parte, era asumido como una obligación vinculada al género femenino y, por tanto, un deber ineludible. En este sentido, el trabajo de las mujeres mariscadoras no ha sido una excepción. En este caso, además, se suma la peculiaridad específica de la contribución de estas mujeres tanto a la sociedad como a la economía y al medioambiente. No es casualidad que en 1987, la conocida como Comisión Brundtland (Brundtland, 1987) pusiese de manifiesto que la única vía para lograr una sociedad sostenible en el futuro pasaba por los populares "pilares de la sostenibilidad", basados en los aspectos sociales, económicos y ambientales. Pues bien, la labor de las mujeres mariscadoras, no sólo ha contribuido al desarrollo económico y social de su entorno, sino que también ha sido crucial en el aspecto ambiental. Es por esta característica por lo que hoy, en un mundo más concienciado sobre los problemas de sostenibilidad que nunca antes en la historia, se debe reconocer esta aportación como se merece.

Teniendo en cuenta lo expresado en la introducción a este trabajo y lo sintetizado en el párrafo anterior, el principal objetivo de este trabajo se centra en **visibilizar la aportación de la actividad del marisqueo al impulso de los Objetivos del Desarrollo Sostenible.** Se entiende, pues, la sostenibilidad como en su vertiente más extendida, que afecta tanto a la sociedad, como a la economía y al medioambiente. Este objetivo general, se desglosa en dos objetivos específicos:

1. Determinación de los principales Objetivos del Desarrollo Sostenible relacionados con la actividad marisquera y contextualización de la labor de las mujeres mariscadoras en el ámbito la Agenda 2030, es decir, de los Objetivos del Desarrollo Sostenible (UN General Assembly, 2015).
2. Análisis cualitativo de la situación de la cofradía de Ferrol para contextualizar la realidad del marisqueo en el día a día.

3. Naturaleza y características del marisqueo

El marisqueo a pie es una actividad extenuante y ardua, que exige a las trabajadoras una buena disposición física y actitudinal. La tipología de estas actividades hace que las mariscadoras puedan sufrir problemas específicos, que están relacionados con exposición al entorno marino, largo tiempo o derivadas de la adopción de posturas forzadas, movimientos repetitivos, manipulación, empuje y arrastre de cargas y exposición a agentes físicos derivados de condiciones de trabajo adversas; como puede ser el caso de la humedad, la exposición al sol o las temperaturas extremas. Estos son los problemas más comunes entre las mariscadoras gallegas (Santalla, 2011). Los problemas relativos a la salud pueden ser dolor de columna, dolor de cuello, dolor de hombro, dolor de rodilla o síndrome del túnel carpiano. Así, las principales dolencias que sufren estas trabajadoras en el desempeño de su actividad laboral se relacionan con la humedad y el frío, que resultan en problemas de artrosis, lumbalgia, reumatismo y fibromialgia. La complicación añadida surge cuando estas dolencias no llevan el reconocimiento de enfermedad profesional, sino que se clasifican como dolencias comunes. Con dicho reconocimiento se obtendrían ventajas que podrían ser muy importantes para los mariscadores. Por ejemplo, pueden optar a mejores condiciones retributivas en el caso de obtener el alta. Todas estas dolencias mencionadas no han sido incluidas y tipificadas en el cuadro de enfermedades profesionales que se recogen en el Anexo I del Real Decreto 1299/2006, de 10 de noviembre, por el que se aprueba el cuadro de enfermedades profesionales en el sistema de la Seguridad Social y se establecen criterios para su notificación y registro. Tampoco se incluyen en el Anexo

II de ese mismo Real Decreto, que contiene una lista complementaria de enfermedades, cuyo origen laboral se sospecha y cuya inclusión en el cuadro de enfermedades profesionales, podría contemplarse en el futuro, aunque el caso de las enfermedades causadas por bajas temperaturas se menciona en el grupo 2 cuando habla de las enfermedades causadas por agentes físicos (ISSGA, 2012).

La Directiva 92/85/CEE, de 19 de octubre de 1992, establece una referencia para la aplicación de las medidas destinadas a promover la mejora de la seguridad y de la salud en el trabajo de la trabajadora embarazada, que haya dado a luz o en período de lactancia. Existen riesgos específicos en el marisqueo a pie que pueden afectar a las trabajadoras embarazadas o en periodo de lactancia, como son los siguientes:

a) Manipulación manual de cargas pesadas, es decir, el manejo de cestas;

b) Exposición a posturas forzadas, como puede ser la realización de tareas de limpieza, siembra o marisqueo;

c) Fatiga mental o física en las tareas de marisqueo; y

d) Realización de trabajos nocturnos cuando se requieran tareas de vigilancia.

La mariscadora embarazada o en periodo de lactancia tendrá derecho a adaptarse a las condiciones o al tiempo de trabajo de forma que no esté expuesta a los riesgos, como se ha mencionado anteriormente. Si ello no fuera posible o suficiente, deberá desempeñar otro puesto de trabajo o función que sea compatible con su estado.

En los casos en los que ninguna de estas alternativas sea objetivamente posible, la mariscadora tendrá derecho a no realizar el trabajo y podrá acceder a un estipendio económico (como protección de riesgos laborales durante el embarazo o la lactancia). En este caso, la trabajadora deberá acudir al Instituto

Social de la Marina para solicitar dicha prestación. El Instituto remitirá a la trabajadora al Equipo de Valoración de Incapacidades. Para acceder a esta prestación, la trabajadora deberá cumplir los mismos requisitos que el resto de personas para percibir las prestaciones de incapacidad temporal derivadas de contingencias profesionales. Deberá estar dado de alta en el Régimen Especial de la Seguridad Social de los Trabajadores del Mar y estar al corriente en el pago de las cuotas al Régimen Especial.

La Orden de 15 de julio de 2011, por la que se regula el permiso de explotación para el marisqueo a pie, establece en sus artículos 14, 15, 16 y 17 que los permisos de explotación podrán ser suspendidos temporalmente en algunos supuestos. En el mismo sentido se pronuncia la Orden de 30 de diciembre de 2015, por la que se regula la explotación de recursos específicos en el ámbito de la Comunidad Autónoma de Galicia. Así, con el fin de conciliar la vida personal, familiar y laboral de estos trabajadores, la norma propone la suspensión temporal de la vigencia del permiso de explotación de marisqueo a pie a los titulares de los mismos en los siguientes supuestos: a) Cuidado de un hijo o hija por un período máximo de tres (3) años, ya sea por naturaleza o por adopción o acogimiento, a contar desde la fecha de nacimiento o, en su caso, desde la resolución judicial o administrativa. Asimismo, b) Cuidado de un familiar hasta el segundo grado de afinidad o consanguinidad, que por razones de edad, accidente, enfermedad o discapacidad no pueda valerse por sí mismo y no desempeñe la actividad retribuida, hasta un año, prorrogable mientras se mantenga la misma situación.

Asimismo, esta Orden establece que el Ministerio del Mar podrá acordar la suspensión temporal de la vigencia del permiso de explotación para las víctimas de violencia de género que se vean en la necesidad de abandonar su actividad laboral para protegerse o procurar su derecho a la asistencia social integral. Dicha suspensión podrá tener una duración de un año en función de los informes y resolución judicial y hasta un máximo de dieciocho meses desde el reconocimiento de derechos por este motivo por parte de la Seguridad Social. Además, la suspensión temporal del permiso también puede conllevar una incapacidad permanente total o absoluta, sujeta a revisión. En este caso, la suspensión podrá acordarse por un plazo máximo de un año desde la fecha de resolución de la incapacidad, prorrogable por igual periodo, hasta un máximo de dos años.

En todo caso, serían condiciones para la concesión de la suspensión temporal tener al menos un año de antigüedad como titular del permiso, no tener actividad laboral retribuida y estar al corriente de las obligaciones como socio de la entidad a la que esté asociado el titular del permiso.

Las cuestiones relativas a la jubilación deben tener en cuenta la naturaleza del trabajo de los mariscadores a pie, que ejercen una actividad profesional. La extracción de marisco es de naturaleza excepcionalmente penosa, tóxica, peligrosa e insalubre, en la que se dan altos índices de morbilidad o siniestralidad. Por este motivo, estos trabajadores lucharon intensamente durante muchos años para obtener una reducción de la edad de jubilación mediante el establecimiento de coeficientes aplicables al tiempo de trabajo efectivamente realizado en las actividades marisqueras. El marisqueo, así como las actividades de recogida de percebes y recogida de algas, se consideraba un colectivo excluido de dicha aplicación. Hasta la aplicación del Real Decreto 2390/2004, de 30 de diciembre, dicha reducción de la edad de jubilación estaba prohibida para las actividades marisqueras, aunque ya se había llevado a cabo para otras actividades marítimas mediante el Decreto 2309/1970, de 23 de julio. Dichos coeficientes fueron modificados por la disposición adicional octava del Real Decreto 863/1990, de 6 de julio, que dio nueva redacción a los apartados A y B del artículo 1 del Decreto 2309/1970, de 23 de julio. Este Decreto, que fue derogado por el Real Decreto 2390/2004, de 30 de diciembre, sobre reducción de la edad mínima para causar pensión de jubilación en el Régimen Especial de la Seguridad Social de los Trabajadores del Mar. Actualmente, los coeficientes se regulan en el Real

Decreto 1311/2007, de 5 de octubre, por el que se establecen nuevos criterios para determinar la pensión de jubilación del Régimen Especial de la Seguridad Social de los Trabajadores del Mar y, cuyo artículo 1, apartado d) se refiere a los trabajos relacionados con la actividad marisquera. De esta forma estos trabajadores se beneficiarían de un coeficiente reductor del 0,10, o lo que es lo mismo, un mes de reducción de la edad de jubilación por cada año acreditado, que se acreditará con el correspondiente permiso (en este caso con la Tarjeta de Mariscador o PERMEX) expedido por la Comunidad Autónoma.

Otra cuestión crítica a abordar dentro de este colectivo de trabajadoras es la reciente eliminación de la pensión compensatoria de 557 euros que estaba en vigor desde 2007 para aquellas mariscadoras mayores de 65 años que no alcanzaban el mínimo de años exigido para tener derecho a la jubilación por pensión, es decir, 15 años. Con esta cantidad, la Xunta de Galicia trataba de hacer más llevadera la subsistencia de estas mujeres durante el tiempo que les faltó para tener derecho a una pensión contributiva. Era la única solución para un colectivo que no estuvo obligado a cotizar hasta el año 2000, demasiado tarde para las trabajadoras que acumulaban menos de los 15 años necesarios para jubilarse. El mismo día que la mariscadora cumplió 65 años, se le retiró el permiso de explotación, por lo que no pudo seguir trabajando. En cambio, con la nueva decisión aceptada, la única medida que se ofrecía a este colectivo de trabajadores era ampliar su vida profesional excepcionalmente más allá de los 65 años en aplicación de la disposición adicional transitoria quinta del Decreto 425/1993, de 17 de diciembre. Precisamente esta línea de ayudas pretendía corregir la situación de abandono en la que quedaban las mariscadoras, abonando por un lado la cotización y, por otro, una prestación compensatoria. Sin embargo, actualmente se eliminó dicha ayuda de 557 euros que cada mariscadora en estas condiciones percibía al mes, pero se mantiene el pago de las cuotas a la Seguridad Social de estas trabajadoras hasta que tengan un mínimo de 15 años cotizados.

LAS MARISCADORAS COMO PIONERAS DEL DESARROLLO SOSTENIBLE.

Las mujeres mariscadoras han desempeñado un papel crucial en la conservación de los recursos marinos y la biodiversidad. Históricamente, su vínculo con el entorno marítimo ha sido vital debido a su dependencia directa de estos recursos para su subsistencia. Esta conexión íntima y cotidiana con el mar les ha permitido desarrollar un profundo conocimiento sobre las prácticas sostenibles, convirtiéndolas en "guardianas de la biodiversidad y del entorno marítimo costero" mucho antes de que la preservación medioambiental se convirtiera en una prioridad social. Según Harper et al. (2013), las mujeres en las comunidades costeras han sido esenciales para la conservación de los recursos marinos debido a su conocimiento local y prácticas sostenibles

A pesar de haber surgido de forma espontánea, en el ambiente natural, el trabajo de pesca a pie realizado por mujeres se encuentra totalmente alineado con los Objetivos del Desarrollo Sostenible, establecidos por las Naciones Unidas el 25 de septiembre de 2015 (UN General Assembly, 2015). La erradicación de la pobreza, la protección del planeta y garantizar la prosperidad y la igualdad de género se relacionan con la esencia de este trabajo. Cada objetivo tiene metas específicas que deben alcanzarse en los próximos años. En este sentido, los últimos comunicados no son muy alentadores, porque con los acontecimientos inesperados (COVID-19, Guerra en Ucrania, etc.) se han experimentado situaciones imprevistas que ralentizaron la consecución de los objetivos propuestos.

Los Objetivos de Desarrollo Sostenible (ODS) se basan en tres pilares: económico, social y medioambiental, que están presentes en la naturaleza y desarrollo de la actividad marisquera en Galicia.

El trabajo de las mariscadoras se centra en los ODS 1, 5 y 14. El ODS 5, está relacionado con esta actividad porque contribuye a dar un paso más en la igualdad de género, que es una de las bases esenciales para construir un mundo pacífico, próspero y sostenible. Dado el número de mujeres trabajadoras, podemos decir que es una actividad feminizada (FAO, 2018). Además, contribuye a mantener las especies marinas y las aguas costeras y reduce la contaminación. De esta manera, las especies marinas pueden desarrollar su ciclo vital sin agotarse. Aunque el cambio climático es una realidad, esta actividad puede clasificarse como protectora del medio ambiente, del hábitat marino y del ecosistema terrestre (Fernández et al. 2019), de ahí su estrecha relación con el ODS 13. Además, el ODS 15 está muy comprometido con el trabajo de los mariscadores porque se desarrolla en el medio marino.

Aunque el marisqueo a pie es una actividad realizada principalmente por mujeres en sus inicios, ahora se está realizando por muchos hombres. Se realiza en muy pocos lugares del mundo porque se realiza en entornos naturales únicos y raros, que proporcionan un ecosistema propicio para la cría y el desarrollo de las especies que se van a recolectar.

En esta investigación se estudia el caso de la actividad marisquera de las mujeres gallegas, y de los hombres que se han ido incorporando, consistente en la extracción y recolección del marisco a pie o a flote, utilizando diversas técnicas tradicionales y sostenibles como la "fisga", el "burato", el "angazo", el "sacho" y el "ganchelo": todos estos nombres pertenecen a instrumentos manuales utilizados tradicionalmente para la extracción del marisco. Estos instrumentos son mecánicos y muy anteriores a cualquier proceso de industrialización, conservando su carácter artesanal y provienen de cientos de años atrás, por lo que mayoritariamente su nombre gallego (la lengua propia en Galicia, diferente al castellano) no tiene traducción (se debe tanto a la lengua como a la singularidad de la actividad, sólo desarrollada en Galicia). Gracias a este grupo de mujeres, se mantienen todas las técnicas tradicionales de pesca y aportan los beneficios de la sostenibilidad de las capturas y el mantenimiento de los ecosistemas marinos. Esta actividad se complementa con labores de limpieza, siembra y vigilancia para evitar abusos en la extracción del producto que pongan en peligro los bancos marisqueros. De esta forma, se valora el mérito de este trabajo tan crucial para las mujeres gallegas. Mantener viva la actividad pesquera, especialmente el marisqueo, supone preservar la prosperidad económica y social de las zonas pesqueras gallegas. La zona vinculada a la Comunidad de Galicia es uno de los bancos marisqueros esenciales de Europa y el segundo del mundo después de Tailandia (Borreguero, 2017). Estos datos dan una idea de la importancia de esta actividad para situar a Europa en el centro de esta problemática.

Ilustración 5. Mapa de las costas gallegas. 1498Km (INE)

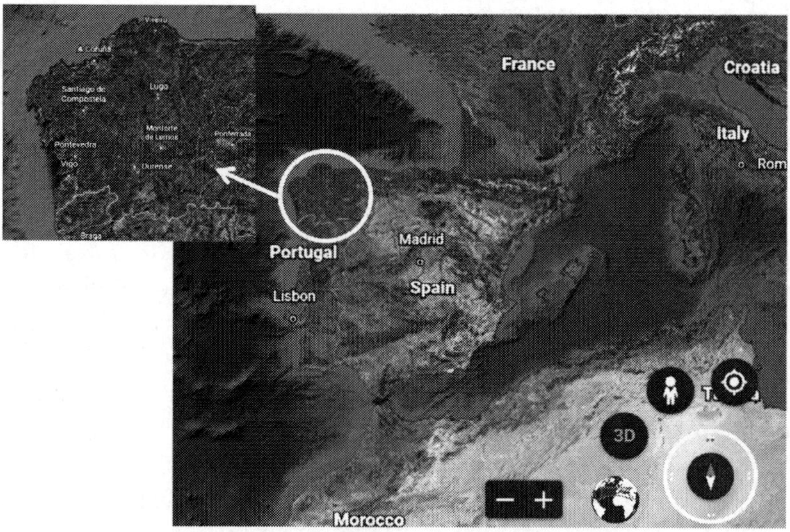

Fuente: Elaboración propia a partir de Google Earth y de (López-Arranz et al., 2023)

Galicia, con una posición estratégica (véase Ilustración 5) ha sido durante décadas uno de los centros geográficos en los que la pesca y el mar han generado numerosos puestos de trabajo. Es la primera región pesquera de la Unión Europea. Cuenta con una larga tradición histórica, por lo que la relevancia de esta cuestión sigue siendo evidente para Europa. Con picos variables en los últimos años, el número de mujeres empleadas en el sector del mar es cuantitativamente superior al de cualquier otra comunidad autónoma española. Analizando este hecho por subsectores productivos, se observa que, si bien, la pesca extractiva y la acuicultura están altamente masculinizadas, las mujeres centran su trabajo en actividades como el marisqueo a pie y la transformación y comercialización, que muestran cuotas femeninas del 90% y 75%, respectivamente. De hecho, el número de afiliadas en este régimen concreto se concentra en Galicia, con un 65% del total español (Mahou, 2008). Las mujeres son consideradas un colectivo completo dentro de la actividad pesquera en la Comunidad de Galicia, alcanzando una representación superior al 85%. Sin embargo, la propia consideración de la mujer sobre su trabajo hace muy difícil valorar su actividad y aportación. La razón es que muchas de ellas han considerado esta tarea como temporal, complementaria y de ayuda a la economía familiar, con escaso valor y cualificación, fruto de roles y tareas establecidos en la tradición de la zona (Varela, 1990); en definitiva, producto de tradiciones, normas y costumbres sólidas y arraigadas. Estas características fueron esenciales para que estas trabajadoras exigieran el reconocimiento de la profesionalización de sus actividades (Comisión del Parlamento Europeo sobre la pesca artesanal y a pequeña escala y la reforma de la política pesquera común (2011/2292(INI)).

Sin embargo, la actividad marisquera, ha sido reconocida como promotora de la sostenibilidad en diversos trabajos. En el caso de esta actividad en Galicia, destaca el trabajo de Alló y Loureiro (2017), que, a partir de una encuesta lo demuestra. No cabe duda de que el marisqueo es una actividad alineada con la sostenibilidad, el respeto al medio ambiente y la igualdad relacionada con varios ODS. Así lo puso de manifiesto Greenpeace en 2008, elaborando una serie de Principios para la Pesca Sostenible basados en el Código de Conducta para la Pesca Responsable, adoptado por unanimidad el 31 de octubre de 1995 por la Conferencia de la FAO. Ofrece el marco necesario para que, en el ámbito de las iniciativas nacionales e internacionales, se garantice la explotación sostenible de los recursos acuáticos vivos tras la preservación del medio ambiente. Según estos principios, una pesquería sostenible debe gestionarse desde una perspectiva centrada en el ecosistema, contribuir a proteger las especies y hábitats sensibles, mantener las poblaciones de todas las especies objetivo en un nivel saludable, utilizar métodos de pesca selectivos, mantener la biodiversidad de otras especies asociadas a la pesquería, minimizar el consumo de energía, productos químicos y residuos, además de operar de forma social y económicamente justa y responsable y facilitar siempre el origen de todo su pescado desde el punto de captura hasta el punto de venta.

Tal y como se lleva a cabo, la actividad marisquera en Galicia cumple con todos y cada uno de los requisitos de este Código. Como hemos visto, no solo desarrolla cuestiones de sostenibilidad ambiental, sino que trasciende este aspecto, dotando a la pesca sostenible de un marcado carácter social y económico (Borreguero, 2017).

Durante el periodo COVID-19 se ha observado una importante variabilidad en los resultados de esta actividad (capturas, ingresos, precio medio) para los diferentes sectores y especies (Villasante et al., 2021). Se ha puesto de manifiesto la necesidad de una gestión diferenciada para cada especie en función de sus características específicas, ya que la incidencia de la pandemia varía entre sectores y especies. En esta materia, hay que tener en cuenta la complejidad del sector, que requiere flexibilidad en las medidas adoptadas y capacidad de respuesta rápida (Fernández et al., 2021).

En definitiva, las mariscadoras son hoy agentes significativos de la economía, la sociedad y la cultura de Galicia. Esta actividad ha dejado de ser una actividad complementaria o de apoyo a la economía familiar para convertirse en un medio de vida cada vez más valorado (Ministerio de Agricultura, Alimentación y Medio Ambiente, 2015). El marisqueo es hoy una profesión reconocida, que permite a muchas de estas mujeres ser las principales proveedoras de sus familias.

La organización y desarrollo de los trabajos propios de la actividad marisquera se contemplan y definen en los Planes de Explotación. Estos documentos se consideran instrumentos que garantizan que la explotación se realice de forma que se obtenga el máximo rendimiento a través de una explotación racional en la que la capacidad extractiva se fija en función de la evolución y el estado de los recursos marisqueros.

Los Planes Operativos de las entidades titulares, por tanto, establecen cómo se llevarán a cabo las actividades de extracción, siembra, limpieza, etc., aunque de forma genérica ya que, al igual que ocurre con los niveles de producción, éstos tampoco se pueden concretar exhaustivamente con antelación. Por ello, cada mes, con la ayuda de biólogos, las entidades concretan las cantidades exactas de producción para el siguiente mes de trabajo.

También se evalúa la situación de la marea roja, un fenómeno muy extendido en determinadas épocas del año. Aunque la marea roja suele afectar en mayor medida al cultivo en los sistemas de cultivo de mejillón y batea, también suele provocar la paralización total de la actividad marisquera, siendo uno de los grandes quebraderos de cabeza a los que se enfrentan los mariscadores, que ven interrumpido el ejercicio normal de su trabajo con parones que pueden durar varios meses al año de inactividad. En 2019, la media de jornadas dedicadas a la extracción, según datos de la Dirección General de Desarrollo Pesquero, fue de 109 días para el total de Galicia. Sin embargo, existe una importante variación por zonas. Así, en la ría de Vigo, la media fue de 125 días, de 132 en la de Pontevedra y de 167 en la de Arosa. Como ejemplo, en la ría de Arosa en 2019 se trabajaron 187 días en la Cofradía de Pescadores de Carril, 189 en Cambados y 166 en el Grove. Entre las fórmulas para el control y vigilancia de las condiciones sanitarias en las zonas marisqueras existen las vedas preventivas a la extracción. Se produce cuando se detectan valores de toxinas superiores a los establecidos por la ley. La reapertura sólo es posible después de que los análisis pertinentes determinen la desaparición de las sustancias nocivas y la ausencia de riesgos para la salud.

Actualmente, se han establecido mecanismos para aplicar la agenda 2030 en España y en Galicia. A nivel nacional, se elaboró un plan de acción que fue aprobado el 29 de junio de 2018 por el Consejo de Ministros y enviado a Naciones Unidas como apoyo para revisar su aplicación en España. Posteriormente, en el año 2020, se estableció la hoja de ruta a seguir en la que se establecen las estrategias e indicadores de los ODS.

En materia pesquera, se han realizado esfuerzos para eliminar la pobreza y la exclusión social, así como para fomentar la igualdad con el establecimiento de ayudas a las paradas y esfuerzos para la reactivación del sector. En la Comunidad gallega también se creó en 2018 un Plan Estratégico con el fin de desarrollar los objetivos anteriores a través del Plan Horizonte 2030. En 2021 se presentó un informe sobre el cumplimiento de los objetivos de desarrollo sostenible, demostrando la importancia que los ODS tienen en este sector y la necesidad de lograr su implantación en materia de igualdad, formación, condiciones laborales, medio ambiente e innovación (Magalhäes, 2021). Todos ellos se encuentran actualmente en situación de diagnóstico, implementación y desarrollo. El muestra los tipos de marisco capturados principalmente en Galicia.

La actividad marisquera a pie se realiza a través de permisos concedidos por la Administración pública gallega. Estos permisos se han ido regulando y disminuyendo a lo largo del tiempo, como se muestra en el Gráfico 1.

Gráfico 1. Permisos de marisqueo a pie en Galicia, evolución anual.

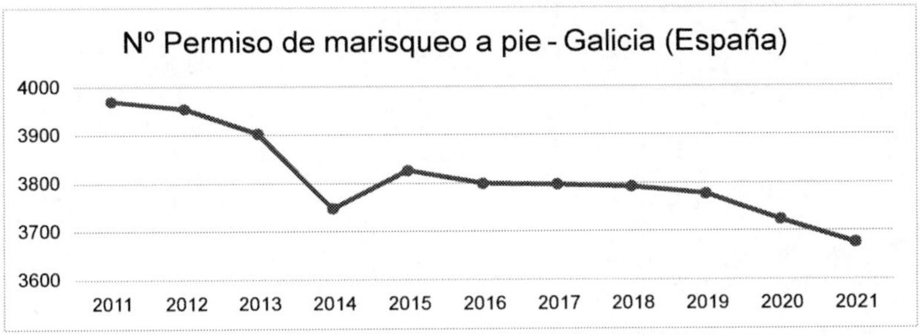

Nº Permiso de marisqueo a pie - Galicia (España)
4000
3900
3800
3700
3600
2011 2012 2013 2014 2015 2016 2017 2018 2019 2020 2021

Fuente: Elaboración propia con datos del Instituto Gallego de Estadística (IGE)

A la vista de los datos, se pone de manifiesto la necesidad de que este sector se modernice cada vez más con el fin de generar el suficiente valor añadido para proporcionar una renta estable y digna a todo el colectivo de mariscadoras, al tiempo que se consolidan sus derechos sociales y profesionales que permitan el cumplimiento de los ODS 1 y 5 en la lucha contra la pobreza y la igualdad. (Plaza y Espinosa, 2005). Los tipos de mariscos, y su proporción en el total, recogidos en el marisqueo a pie, se muestran en el Gráfico 2.

Gráfico 2. Tipos de marisco recogidos en Galicia a pie.

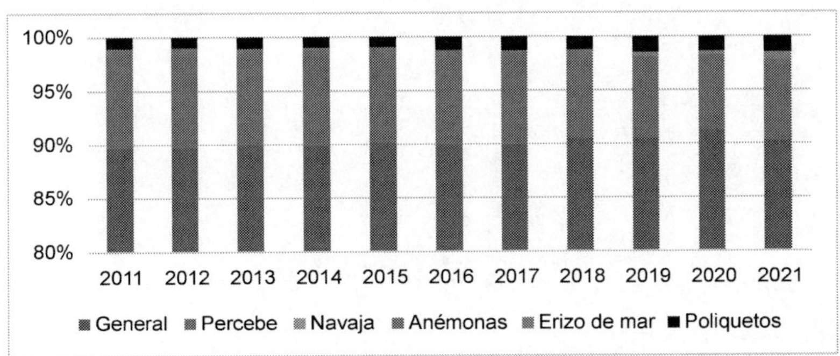

100%
95%
90%
85%
80%
2011 2012 2013 2014 2015 2016 2017 2018 2019 2020 2021
General Percebe Navaja Anémonas Erizo de mar Poliquetos

Fuente: Elaboración propia con datos del Instituto Gallego de Estadística (IGE)

4. Encaje socioeconómico del oficio de mariscadora

El marisqueo adquiere importancia comercial en los años sesenta y en el siglo pasado. El aumento de la demanda de determinadas especies para consumo directo y las mayores compras por parte de la industria conservera provocan una revalorización de los productos y una generalización más intensa de las actividades. De este modo, gran parte de la población local de las zonas costeras se dedica a estas actividades. En la medida en que dicha revalorización podía poner en peligro los niveles de sobreexplotación de los recursos, la administración pública consideró urgente regular el sector que, hasta ese momento, carecía de normas o reglas. Es decir, no estaban reguladas ni las tallas mínimas del recurso, ni los horarios, ni las épocas de veda, ni las zonas de extracción, etc. Para ello, en 1961 se promulgó la Ley de Explotación Marisquera de Galicia, que relegaba la gestión de las playas y zonas costeras al control del Estado, pero depositaba en las Cofradías de Pescadores el derecho a ser titulares de concesiones administrativas en materia de marisquerías. Posteriormente, la Ley 59/1969, de 30 de junio, de Ordenación del Marisqueo, establece un proceso de gestión de los bienes declarados de dominio público y, en consecuencia, la capacidad de otorgar concesiones y autorizaciones para la explotación o instalación de parques y viveros de cultivo, depuradoras de marisco, estaciones depuradoras y otros establecimientos. Dichas entidades gestoras pueden ahora delimitar reservas a determinados bancos naturales o establecer subdivisiones en playas y bancos naturales concretos.

Dos décadas más tarde, las Cortes Generales aprobaron la Ley de Cultivos Marinos, Ley 23/1984, de 25 de junio, que establece los aspectos normativos relacionados con las actividades marisqueras, como los relativos a la concesión o autorización de marisqueo o de parques dedicados al cultivo intensivo de fondo marisquero.

Los aspectos relacionados con el desarrollo práctico, como modalidades, periodos de veda, días y horas de trabajo, especies autorizadas y tallas mínimas, etc., están sujetos exclusivamente a la legislación autonómica, tal y como contempla el artículo 149.1.19 de la Constitución Española.

Uno de los hitos más relevantes para explicar el papel de las mariscadoras fue la promulgación de la Ley 6/1993 de Pesca de Galicia. En ella se conceptualiza la "profesionalización" del marisqueo.

Es decir, se racionaliza la actividad, se gestionan las extracciones y se cuidan las condiciones de las playas y los bancos naturales, asumiendo dicho papel las mariscadoras. Esta profesionalización supuso un aumento de la concienciación del sector respecto a su regulación. Al mismo tiempo, se asumió la necesidad de formación en sus tres dimensiones clásicas: producción, organización y comercialización.

Por tanto, tales cambios supusieron pasar de una función extractiva a otra de cultivo. Es decir, un auténtico cambio de mentalidad que sirvió para configurar una nueva identidad colectiva que les permitió convertirse en agentes sociales activos y también proceder a crear y organizar asociaciones y colectivos profesionales asumiendo una capacidad de organización y liderazgo social (Ver Tabla 1 y Tabla 2).

Tabla 1. Modalidades de marisqueo

Modalidades	Características
Marisqueo a pie en la playa	Tiene lugar en la zona intermareal. Manualmente, sin utilizar embarcaciones ni prácticas de buceo.
Marisco en el agua	Tiene lugar en la zona submareal. Las actividades se realizan sumergidos hasta el pecho.

Modalidad mixta de marisqueo	En las zonas intermareal y submareal se llevó a cabo una combinación de las modalidades anteriores.
Marisqueo desde embarcación o a flote	Se realiza con la ayuda de diferentes herramientas en función del tipo de marisco y de la zona.
Marisqueo por inmersión	Se lleva a cabo mediante el uso de diferentes prácticas profesionales de buceo.
Extracción de recursos específicos	Incluye extracciones de percebes, algas, poliquetos, anémonas y erizos de mar. Y con técnicas de apnea. Sus objetivos de extracción son almejas navaja, almejas navaja estriadas, abalones y erizos de mar.

Fuente. Elaboración propia basada en normas oficiales

La legislación gallega está muy desarrollada en este sentido. Prueba de ello es la especificación relativa a los útiles y artes de pesca contemplados en el Decreto 15/2011, de 28 de enero.

Tabla 2. Artes de marisqueo.

Marisqueo a pie	Características del arte
Azadas, rastrillos, hoces y ganchelos	Azadas, rastrillos, hoces y ganchos permiten remover el sedimento superficial para recoger los moluscos bivalvos con las manos.
Rañica	Rastrillo de pequeñas dimensiones con dientes de una longitud máxima de 15 cm y una separación mínima entre púas de 17 milímetros.
Horquilla	Consiste en una placa metálica a la que se fijan múltiples dientes ligeramente curvados.
Cuchillos y rasquetas	Para la extracción de moluscos gasterópodos se utilizan cuchillos y raspadores.
Modalidad de marisqueo a flote con caña	Característica.

<table>
<tr><td>Raños *</td><td rowspan="3">Estas herramientas consisten en un armazón metálico soldado a una placa dentada con un soporte tubular en su extremo superior para sujetar una varilla. La longitud máxima de la placa será de 70 centímetros, la longitud máxima de los dientes será de 15 centímetros y la separación mínima entre las varillas de copeo será de 17 milímetros.</td></tr>
<tr><td>Rastros *</td></tr>
<tr><td>Ganchas *</td></tr>
<tr><td>Modalidad de marisqueo a flote con rastro remolcado</td><td>Característica.</td></tr>
<tr><td>Herramienta festón</td><td>Tendrá 175 centímetros de longitud máxima de base y 50 centímetros de altura máxima.</td></tr>
<tr><td>Rastro de camarón</td><td>La longitud máxima de la base será de 300 centímetros y no tendrá dientes. La dimensión de la malla cope será de 1 centímetro como mínimo.</td></tr>
<tr><td>Endeño remolcado (herramienta remolcada)</td><td>Se utiliza para recolectar almejas rubias. Tendrá una longitud máxima de la base de 90 centímetros, una longitud máxima de los dientes de 15 centímetros; y una separación mínima entre las varillas del cabo de 17 milímetros; y, en caso de estar cubierto con red, las mallas tendrán, al menos, 20 milímetros de lado.</td></tr>
</table>

Fuente: Elaboración propia a partir de normas oficiales.

En cuanto a los permisos de marisqueo, tomando como referencia los últimos diez años, se observan tres dinámicas: a) un fuerte envejecimiento; o lo que es lo mismo, un menor atractivo para los jóvenes; b) un reciente proceso de atracción para los hombres, especialmente para los mayores de 50 años; y c) una ligera desfeminización de la actividad (Tabla 3).

Tabla 3. Evolución y distribución por edad y sexo de los permisos de marisqueo.

	TOTAL		30 años o menos		entre 30-50 años		Más de 50 años	
Año	Hombres	Mujeres	Hombres	Mujeres	Hombres	Mujeres	Hombres	Mujeres
2009	394	3.887	32	75	258	1.479	104	2.333
2010	399	3.724	30	59	263	1.433	107	2.332
2011	407	3.563	30	61	245	1.368	132	2.134

2012	475	3.479	46	73	293	1.372	136	2.034
2013	610	3.296	69	84	395	1.323	146	1.886
2014	672	3.076	81	74	436	1.234	155	1.768
2015	846	2.980	110	84	555	1.193	181	1.703
2016	961	2.838	107	80	641	1.128	213	1.630
2017	990	2.807	113	83	641	1.156	236	1.568
2018	1.070	2.722	113	82	682	1.126	275	1.514
2019	1.144	2.633	107	77	720	1.092	317	1.464
2020	961	2.763	93	70	577	1.197	291	1.496
2021	945	2.731	68	50	572	1.227	305	1.454

Fuente: Elaboración propia a partir de datos facilitados por el IGE (Instituto Gallego de Estadística).

El artículo 27 de la Ley 11/2008, de 3 de diciembre, de pesca de Galicia, define el marisqueo como "el ejercicio de la actividad extractiva, realizada a pie o desde la embarcación, en la zona marítima o marítimo-terrestre dirigida exclusivamente y con artes selectivas y específicas a la captura de una o varias especies de moluscos, crustáceos, equinodermos y otros invertebrados marinos, con fines de comercialización". Tal y como establece la definición, dentro del marisqueo hay que diferenciar entre el que se realiza a flote y el que se realiza a pie. El primero de ellos se realiza desde una embarcación y es llevado a cabo fundamentalmente por hombres, mientras que el marisqueo a pie suele ser realizado por mujeres, por lo que hablar de marisqueo a pie en Galicia es hablar de mujeres mariscadoras (Marugan-2003).

Los propios mariscadores han dado forma a esta profesión, dotándola de nuevos contenidos. Hoy en día, la actividad consiste en obtener beneficios y mantener a salvo el ecosistema (Kleiber et al. 2015). En esta época, las mujeres se dan cuenta de la importancia de esta actividad. Comienzan a gestionar bajo principios económicos y no de mera subsistencia. En España, la actividad marisquera se desarrolla casi exclusivamente en la Comunidad Autónoma de Galicia, donde existe una larga tradición.

La normativa sobre marisqueo a pie fija los objetivos perseguidos por la política de la Administración de la Comunidad Autónoma de Galicia en materia de marisqueo, que son: a) La regulación de las condiciones de acceso a la actividad marisquera y a los recursos marineros vivos en condiciones de igualdad; b) La regulación de las condiciones del ejercicio del marisqueo; c) La mejora de las condiciones de trabajo en la explotación de los recursos marinos vivos; d) Garantizar que las explotaciones marisqueras sean sostenibles y económicamente rentables. Todos ellos son objetivos enfocados a los promovidos internacionalmente por los ODS (Carril. 2010).

La primera condición para desarrollar esta singular actividad es el alta o afiliación en la Seguridad Social. En concreto, los mariscadores están incluidos en el Régimen Especial de la Seguridad Social de los Trabajadores del Mar como trabajadores por cuenta propia o autónomos. En consecuencia, esta actividad debe realizarse de forma habitual, personal y directa, fuera del ámbito de dirección y organización de otra persona y con ánimo de lucro tal y como se recoge en el apartado c del artículo 4.c de la Ley 47/2015, de 21 de octubre, reguladora de la protección social de los trabajadores del sector marítimo-pesquero. Además, deberán estar inscritas en el Instituto Social de la Marina. Asimismo, la Ley 40/2007, de 4 de diciembre, de medidas en materia de Seguridad Social, establece en su Disposición Adicional Decimosexta que: "*se presumirá que dichas actividades constituyen su medio fundamental de vida siempre que de ellas se obtengan ingresos para atender a las necesidades propias o, en su caso, de la unidad familiar, aun cuando se realicen otros trabajos que no sean específicamente marítimo-pesqueros, determinando o no su inclusión en cualquier otro Régimen de los que integran el sistema de Seguridad Social, con carácter ocasional o permanente*".

En segundo lugar, las condiciones administrativas de trabajo de esta actividad marisquera en Galicia se regulan a través del Decreto 153/2019, de 21 de noviembre, por el que se regula la conservación y explotación de los recursos marisqueros y de algas. Este Decreto indica que el marisqueo de los recursos públicos se realizará bajo planes de ordenación o en zonas libres de marisqueo. El Plan General de Explotación Marisquera es un conjunto de normas y directrices destinadas a regular y programar la conservación y explotación sostenible de los recursos marisqueros generales durante tres (3) años. Su finalidad es garantizar una gestión sostenible de los recursos marisqueros, considerando aspectos ambientales, económicos, sociales y laborales. De tal forma, el titular de la Consejería competente en materia de marisqueo aprobará mediante directriz el Plan General de explotación marisquera, que estará integrado por a) Planes de gestión de las autorizaciones de marisqueo; b) Planes de gestión específicos de las zonas libres de marisqueo; y c) Normas de funcionamiento de las zonas libres de marisqueo.

Los planes de gestión contendrán medidas de conservación y explotación de los recursos para su aprovechamiento sostenible en una zona determinada e incluirán objetivos generales y objetivos operativos con niveles de referencia e indicadores para su seguimiento. Los objetivos generales y operativos englobarán objetivos biológicos y ecológicos relacionados con la explotación sostenible y a largo plazo de los recursos marisqueros y otros de carácter social y económico. La gestión sostenible de los recursos se basará en la salud de las poblaciones explotadas y en la evaluación del volumen de las existencias de la especie.

Los planes de gestión contribuirán a desarrollar las siguientes funciones: a) Evaluar la consecución del buen estado ambiental a través de los distintos descriptores de la Directiva Marco de estrategia marítima o norma que la sustituya; b) Instrumentalizar una perspectiva sistémica en la medida en que contribuyan a la mejora de la biodiversidad, promuevan el uso adecuado del territorio, incluyendo medidas de adaptación al cambio climático, y se ajusten al concepto de infraestructura verde; c) A la infraestructura verde cuando favorezcan o mantengan los servicios ecosistémicos, apliquen la restauración ecológica y no afecten negativamente a la conectividad.

En tercer lugar, se establecen las condiciones para el ejercicio de esta actividad. El artículo 5 establece que tanto para las zonas sujetas a un plan de gestión como para las zonas libres de marisqueo: a) Sólo podrá ser ejercida por las personas y embarcaciones titulares de la preceptiva autorización. b) Tendrán acceso a la explotación los miembros de las entidades titulares de los planes de gestión y aquellas otras personas que se establezcan en el plan. No obstante, el plan podrá incluir acuerdos entre las distintas entidades para permitir el acceso de sus miembros. c) Las actividades de marisqueo podrán realizarse todos los días del año. No obstante, la actividad extractiva se realizará, con carácter general, de lunes a viernes, salvo fiestas autonómicas y nacionales. Se podrá realizar actividad extractiva en los días festivos autonómicos y nacionales, sábados de Semana Santa y diciembre, siempre que esté recogido en el plan de ordenación y en casos extraordinarios, tales como los derivados de causas medioambientales, meteorológicas, o cualesquiera otras que afecten al normal desarrollo del plan. d) Es necesario para el ejercicio del marisqueo el otorgamiento de autorizaciones y concesiones por parte de la Consejería competente en materia de marisqueo con carácter previo al acta de ocupación del dominio público marítimo o marítimo-terrestre prevista en la legislación de costas. La resolución por la que se otorga la autorización o concesión para la actividad de marisqueo debe aclarar quién es su titular. Además, debe aclararse el tipo de establecimiento, las especies autorizadas, la zona, la duración, las causas de extinción del título habilitante y las condiciones técnicas y administrativas en que se desarrolla y autoriza dicha actividad. Por tanto, este documento es un permiso de explotación que se otorga a cada persona dedicada a la actividad, conocido con el nombre de Permex o permiso de explotación para marisqueo a pie.

Este documento, expedido por la Consellería de Pesca e Asuntos Marítimos de la Xunta de Galicia desde 1995, acredita la autorización mediante concesión administrativa para el ejercicio de la actividad de marisqueo en la Comunidad Autónoma de Galicia.

El permiso Permex indica que el marisqueo es la actividad principal de la persona titular del mismo, y tendrá carácter individual e intransferible. Y la eficacia de este permiso de explotación está condicionada a que su titular esté afiliado al Régimen Especial de la Seguridad Social de los Trabajadores del Mar, según lo establecido en el artículo 5 de la Orden de 15 de julio de 2011 por la que se regula el permiso de explotación para el marisqueo a pie.

El procedimiento para la obtención del permiso se regula en el artículo 6 de la Orden de 15 de julio de 2011. Una vez aprobados los Planes de Gestión para la extracción de moluscos, recursos específicos y algas, la Jefatura Territorial del Ministerio del Mar, competente por razón de su ámbito territorial, podrá iniciar el proceso de selección de los candidatos a la obtención del permiso de explotación. La Jefatura Territorial podrá autorizar con carácter previo al proceso de selección que las personas titulares de un permiso de explotación, cambien de entidad asociativa titular de un plan de gestión, siempre dentro del ámbito a que se refiere el artículo 4.1. Las condiciones y el procedimiento para autorizar este cambio se establecerán en los artículos 9 y 10 de esta Orden. El plazo de presentación de solicitudes para la obtención de la autorización de aprovechamiento será de quince días hábiles contados a partir del día siguiente al de la publicación de la resolución en el tablón de anuncios de la Jefatura Territorial y en la página web. La resolución se publicará también, a efectos informativos, en los tablones de anuncios de las correspondientes jefaturas territoriales de la Consejería del Mar, así como en el tablón de anuncios de la Cofradía o entidad asociativa solicitante. Las Jefaturas Territoriales de la Consellería do Mar podrán reservar, motivadamente, hasta un máximo del 10% de las plazas ofertadas para favorecer la incorporación de jóvenes al sector, así como de personas en riesgo de exclusión social. De esta manera, se estaría en línea con el ODS 1, el objetivo de apoyar el fin de la pobreza en todas sus formas en todo el mundo para 2030. Esto incluye facilitar el acceso a los servicios esenciales y aumentar la ayuda a las personas en situación de pobreza o vulnerabilidad social. También implica hacer frente a los problemas económicos, sociales y medioambientales.

Las personas interesadas dirigirán sus solicitudes a la Jefatura Territorial, según el modelo que figura en el anexo III de esta orden. También estará disponible en la guía del ciudadano de la página web. Las solicitudes se presentarán en los registros de la Jefatura Territorial del Ministerio del Mar, en el registro único y en cualquiera de los lugares previstos en el artículo 38 de la Ley 30/1992, de 26 de noviembre, de Régimen Jurídico de las Administraciones Públicas y del Procedimiento Administrativo Común. La documentación a adjuntar a la solicitud es la siguiente: a) Justificante de haber abonado las tasas correspondientes; b) copia compulsada del documento nacional de identidad. Esta copia sólo se presentará en el caso de no acreditar consentimiento expreso para verificar los datos de identidad mediante consulta al sistema de verificación de datos, de acuerdo con el Decreto 255/2008, de 23 de octubre, por el que se simplifica la documentación para la tramitación de procedimientos administrativos y se fomenta la utilización de medios electrónicos, y la Orden de 7 de julio de 2009, por la que se desarrolla dicho Decreto; c) Copia compulsada de la documentación justificativa de cada uno de los aspectos a valorar según el baremo aprobado por la Dirección General de Planificación y Gestión de los Recursos Marinos; d) Declaración responsable que reúna los requisitos exigidos en el artículo 17 c), e), f) y g) del Decreto 425/1993, de 17 de diciembre.

Los perceptores de la pensión de renta de integración social en Galicia podrán acceder al proceso selectivo, debiendo renunciar a dicha pensión cuando se conceda el permiso de explotación.

Siguiendo lo dispuesto en el artículo 68 de la Ley 39/2015, de 1 de octubre, del Procedimiento Administrativo Común de las Administraciones Públicas, si la solicitud no reúne los requisitos señalados, se requerirá a la persona interesada para que la subsane en el plazo de diez (10) días hábiles con indicación de que, si así no lo hiciera, se le tendrá por desistido de su petición previa resolución expresa. Las solicitudes presentadas que reúnan los requisitos establecidos serán valoradas conforme al baremo contenido en el artículo 8 de esta orden.

Una vez valoradas las solicitudes, la Jefatura Territorial publicará, en los mismos lugares y con los mismos efectos previstos en el apartado 3 de este artículo, una relación provisional en la que se indicará la puntuación alcanzada por cada una de las personas seleccionadas. Asimismo, en esta relación se incluirán las personas excluidas del proceso y las causas de dicha exclusión. Contra esta lista provisional, las personas interesadas podrán presentar, ante la sede autonómica de la Consellería del Mar, cuantas alegaciones estimen oportunas en el plazo máximo de quince (15) días hábiles.

Las personas seleccionadas deberán presentar, en el plazo máximo de quince (15) días hábiles contados a partir del día siguiente al de la publicación de la lista definitiva, la documentación acreditativa que justifique los aspectos recogidos en el artículo 6.6.d), así como dos fotografías tamaño carné. De no hacerlo en el plazo establecido, se entenderá que el solicitante desiste de su petición. La documentación que acredite estar empadronado en un municipio del litoral de Galicia no será necesario presentarla en el caso de que exista consentimiento expreso de la persona interesada para verificar los datos de residencia mediante consulta al sistema de verificación de datos siguiendo el Decreto 255 /2008, de 23 de octubre, y la Orden de 7 de julio de 2009.

Asimismo, para que una persona obtenga este permiso, el Ministerio de Pesca tiene que autorizar nuevas plazas para estos trabajadores en las Cofradías de Pescadores. También deben asistir a los cursos organizados por las Cofradías, por ejemplo, cursos específicos de marisqueo o cursos específicos de manipulación de alimentos. A pesar de realizar estos cursos, hay que tener en cuenta que el conocimiento del marisqueo se ha transmitido tradicionalmente de forma oral y a través de la experiencia de generación tras generación de trabajadores.

Este permiso especifica necesariamente las artes, zonas de actuación y especies permitidas y se otorga siguiendo criterios de objetividad, equidad y transparencia, estando limitado según las zonas. Además de contar con un permiso de explotación, todas ellas deben conocer en profundidad las circunstancias en las que se desarrolla dicha actividad y las características biológicas del marisco.

A pesar de la obligatoriedad de tener que afiliarse al Régimen Especial del Mar para poder realizar este trabajo, todavía hay mujeres mariscadoras que no están dadas de alta por proceder de zonas donde esta actividad es marginal y donde los ingresos medios no permiten económicamente realizar los pagos de las cuotas mensuales a la Seguridad Social, dado el carácter intermitente y dependiente de la abundancia o escasez de capturas (García et al. 2006). Aunque no todas las mujeres dedicadas al marisqueo están afiliadas, en los últimos años se ha producido un aumento significativo del número de altas producidas en el régimen en la mayoría de las cofradías.

La Consellería de Medio Rural e do Mar (Xunta de Galicia) clasifica a los ayuntamientos donde se realiza producción o extracción de marisco atendiendo al listado recogido en la Tabla 4.

Tabla 4. Zonas de producción y extracción de marisco en Galicia, según la clasificación de la Xunta de Galicia

Zonas de producción y extracción de marisco en Galicia
Zona I-Vigo: comprende los ayuntamientos bañados por el Río Miño hasta Punta Soavela; esto es, A Guarda, la zona de Arcade en el ayuntamiento de Soutomaior, Baiona, Cangas, Moaña, Redondela, Vigo y Vilaboa.
Zona II-Pontevedra: comprende desde Punta Soavela a Punta Faxilda, esto es, la zona de Aldán-Hio (en Cangas do Morrazo), Campelo (en Poio) y los ayuntamientos de Bueu, Marín, Pontevedra y Portonovo.
Zona III-Arousa: comprende desde Punta Faxilda a Punta Sieira, esto es, la zona bañada por la Ría de Arousa y los ayuntamientos de Ribeira, Boiro, Cambados, Carril, O Grove, A Pobra do Caramiñal y Rianxo.

Zona IV-Muros: comprende desde Punta Sieira hasta Punta Insua, esto es, los ayuntamientos de Muros, Noia, Porto do Son y Portosín.
Zona V-Fisterra: comprende desde Punta Insua hasta el Cabo Touriñán, es decir, la costa de los ayuntamientos de Carnota, Corcubión y Fisterra.
Zona VI-Costa da Morte: comprende desde el Cabo Touriñán hasta Punta Langosteira, esto es el arenal de Baldaio, en el ayuntamiento de Carballo, la zona de Caión, en el ayuntamiento de A Laracha, los márgenes del Río Anllóns, incluyendo su desembocadura (en la localidad de Corme, que pertenece a Ponteceso), y los ayuntamientos de Camariñas, Laxe, Malpica y Muxía.
Zona VII-Coruña-Ferrol: comprende desde Punta Langosteira a Cabo Prioriño, esto es los ayuntamientos de A Coruña, Fene, Ferrol, Miño, Mugardos, Pondedeume y Sada.
Zona VIII-Cedeira: comprende desde el Cabo Prioriño hasta el Cabo de Bares, es decir, los ayuntamientos de Cariño, Cedeira y los arenales de Espasante, en el ayuntamiento de Ortigueira.
Zona IX-Mariña: comprende desde el Cabo de Bares hasta el Río Eo, y abarca la zona de O Barqueiro (en el ayuntamiento coruñés de Mañón) y los ayuntamientos de Burela, Celeiro, Cervo, O Vicedo y Ribadeo.

Fuente: elaboración propia a partir de datos del Instituto Gallego de Estadística (IGE)

LAS COFRADÍAS COMO MODO DE ORGANIZACIÓN

En Galicia, las mariscadoras y pescadores están organizados en cofradías de pescadores que provienen de una larga tradición asociativa. Su antigüedad es casi inmemorial, probablemente su origen se puede situar en los albores del siglo XII, con antecedentes incluso en el siglo XI, pero ya en el siglo XII aparecen referencias en textos escritos sobre la existencia de cofradías en España (Barrio García (1998). El hecho de que las Cofradías de Pescadores funcionaran sirviendo de cauce de unión, arreglando las disputas entre sus miembros y regulando el sector, hizo que el Estado no interviniese inicialmente. Posteriormente fueron interviniendo, mediante disposiciones concretas que inicialmente se concretaban en el nombramiento de presidente, normalmente el alcalde del municipio en los siglos XVII y XVIII ejerciendo de "delegado" coexistiendo, con el mayordomo de la cofradía (Taboada, 2005).

Con el nacimiento de la revolución industrial las cofradías viven momentos de auge, pero el sistema administrativo de control imperante con las monarquías absolutistas y tradicionales, vieron como la colaboración de la autoridad eclesiástica este iba perdiendo su influencia por la presión del poder civil, accedió y colaboró para que se implantara la necesidad de obtención de licencias administrativas a cambio de privilegios vinculados a las tierras como trámite. Con el tiempo se fueron consolidando como auténticas corporaciones reguladoras de la actividad extractiva y sobre las artes de pesca que se debían utilizar para producir el mínimo de daños y asegurarse las campañas.

En España, a principios del siglo XX, esas sociedades sirvieron de antecedente inmediato para que el Estado, creara el Instituto Nacional de Previsión (Ley de 27 de febrero de 1908). Las Cofradías de pescadores, quedaron temporalmente ubicadas bajo el genérico epígrafe de mutualidades, hasta que, con el tiempo, con la creación del Instituto Social de la Marina (Decreto de 26 de febrero de 1930), se comenzaron a situar los Pósitos, gremios de pescadores, que subsistían, y asociaciones de pescadores bajo la tutela de la administración.

Así, se mantuvieron dentro de la "organización sindical" desde 1941 hasta la Constitución española de 1978, con diversas normas que incidían en el carácter tutelante de la administración.

El texto constitucional no hace referencia a las Cofradías de Pescadores, no obstante, el artículo 52 se refiere de forma implícita a ellas, "La ley regulará las organizaciones profesionales que contribuyan a la defensa de los intereses económicos que les sean propios".

Su estructura interna y funcionamiento deberán ser democráticos, lo que permitió que inicialmente las CCAA del País Vasco, de Andalucía y de Galicia las incluyeran en sus Estatutos de Autonomía con la categoría de corporaciones de derecho público.

Naturaleza y concepto de la cofradía en la legislación relevante

El concepto de cofradía se encuentra regulado el Real Decreto 670/1978, de 11 de marzo, en su artículo 1 señala que las cofradías son: "Corporaciones de Derecho Público, que actúan como órganos de consulta y colaboración con la Administración sobre temas de interés general y referentes a la actividad extractiva pesquera y su comercialización, especialmente en los sectores artesanal y de bajura".

También, la Ley 5/2011, de 29 de marzo de Economía Social en su art 5.1 las define como: "Corporaciones de derecho público sectoriales, sin ánimo de lucro, representativas de intereses económicos de armadores de buques de pesca y de trabajadores del sector extractivo, que actúan como órganos de consulta y colaboración de las administraciones competentes en materia de pesca marítima y de ordenación del sector pesquero, cuya gestión se desarrolla con el fin de satisfacer las necesidades e intereses de sus socios, con el compromiso de contribuir al desarrollo local, la cohesión social y la sostenibilidad".

Por su parte la Ley 9/1993, de 8 de julio, de Cofradías de Pescadores de Galicia, en su artículo 1 las define como: "corporaciones de derecho público, dotadas de personalidad jurídica y capacidad de obrar para el cumplimiento de los fines y el ejercicio de las funciones que les están encomendadas, que actúan como órganos de consulta y colaboración con la Administración en la promoción del sector pesquero y representan intereses económicos y corporativos de los profesionales del sector, sin perjuicio de la representación que poseen las organizaciones de empresarios y trabajadores de la pesca".

Por otro lado, la Ley 11/2008, de 3 de diciembre, de pesca de Galicia, aporta otra definición de las cofradías de pescadores como: "corporaciones de derecho público, sin ánimo de lucro, dotadas con personalidad jurídica y capacidad de obrar para el cumplimiento de sus fines".

Por último, el Decreto 8/2014, de 16 de enero, por el que se regulan las cofradías de pescadores de Galicia y sus federaciones, establece que: "Las cofradías de pescadores de Galicia son corporaciones de derecho público, sin ánimo de lucro, dotadas de personalidad jurídica y capacidad de obrar para el cumplimiento de los fines y el ejercicio de las funciones que les están encomendadas, actuando de acuerdo con los principios de observancia de la legalidad, transparencia contable y democracia en su estructura interna y funcionamiento". Y señala que las cofradías de pescadores se regirán por lo dispuesto en dicha Ley, por las normas reglamentarias que la desarrollen y demás disposiciones de aplicación, así como por sus respectivos estatutos. En todo caso ajustarán su estructura y funcionamiento a los principios democráticos. Por lo que sus estatutos tendrán que contener, al menos, la regulación de los siguientes aspectos: a) La denominación de la cofradía, b) El ámbito territorial. c) El domicilio. d) Los órganos rectores. e) La estructura organizativa con las secciones que, en su caso, se estableciesen. f) Las normas para la elección de los órganos representativos. g) Los derechos y obligaciones de los miembros. h) El régimen económico y contable. i) El patrimonio y recursos previstos. j) Las causas de disolución y destino de su patrimonio.

Las funciones de las cofradías se regulan en los artículos 3.2, de la Ley 9/93 entre las que se encuentran las siguiente:

1. Corresponderán, con carácter general, a las cofradías la labor de consulta y colaboración con la Administración pública y la defensa de los intereses de los profesionales que las componen.

2. Como órganos de consulta y colaboración tendrán las funciones de:

    a) Orientar a todos sus miembros sobre las acciones derivadas de la aplicación de la normativa del sector pesquero, ayudas, subvenciones y programas establecidos por la Administración pública.

b) Actuar como oficinas públicas, a los efectos de esta Ley, en lo referente a la recepción, registro y tramitación de documentación dirigida a la Administración de la Comunidad Autónoma, cuando expresamente así se establezca reglamentariamente.

c) Promover actividades de formación de los profesionales en las actividades referidas a la pesca.

d) Servir como entidades de consulta a la Administración en todas las cuestiones concernientes al sector y en especial en la elaboración de las disposiciones de carácter general que les sean sometidas.

e) Elevar a la Administración propuestas sobre materias de interés pesquero y, en particular, sobre aquellas acciones tendentes a mejorar las condiciones técnicas, económicas y sociales de la actividad pesquera.

f) Promover la creación de servicios comunes para sus miembros.

Además

a) Promover la creación de servicios sociales, recreativos, culturales o análogos para sus miembros.

b) Gestionar las áreas de la zona marítima y marítimo-terrestre que les hayan sido confiadas mediante el título administrativo habilitante correspondiente, expedido por la Administración competente.

c) Gestionar y administrar aquellos bienes patrimoniales que les sean cedidos por cualesquiera de las Administraciones públicas para el cumplimiento de sus fines.

d) Todas aquellas funciones que les sean encomendadas por la Administración competente.

A mayores, el artículo 7 del D. 8/2014 regula las siguientes funciones:

a) Responsabilizarse de la vigilancia de las zonas de dominio público marítimo y marítimo-terrestre que les hayan sido confiadas para su aprovechamiento.

b) Administrar sus propios recursos y patrimonio.

c) Promover la ejecución de planes de capturas, concentrar la oferta y regularizar los precios.

d) Establecer los planes de producción y comercialización con el fin de mejorar la calidad de los productos y adaptar el volumen de la oferta a las exigencias del mercado.

e) Adoptar las medidas necesarias para la aplicación de la política pesquera comunitaria que sean competencia de los/las productores/as.

f) Prestar servicios de carácter general a sus miembros.

g) Facilitar la comercialización de la producción, de acuerdo con la normativa vigente.

h) Favorecer la creación de empresas, asociaciones y cooperativas, con la posibilidad de participar en las mismas con el objetivo de conseguir eficacia y rentabilidad en los procesos de transformación y comercialización de los productos pesqueros; así como participar en proyectos que fomenten la diversificación pesquera y acuícola.

i) Las demás que les confieren sus estatutos.

Membresía y pertenencia a la cofradía

En cuanto a los miembros que configuran las cofradías se establece lo siguiente:

1. La afiliación a las cofradías de pescadores es libre.

2. Pueden ser miembros de las cofradías los armadores con base en puertos de ámbito territorial de las mismas y quienes tengan la habilitación administrativa correspon-

diente que lo faculte para el ejercicio de las labores de extracción de los recursos marinos vivos.

3. La condición de miembro puede mantenerse en tanto se ejerza la actividad profesional, sin que constituya impedimento para ello la situación de inactividad o su desempleo ocasional.
4. La pérdida de la condición de miembro se producirá por baja voluntaria, por no reunir los requisitos requeridos o por cualquier otra causa prevista en los estatutos de la respectiva cofradía.
5. Ningún profesional del sector podrá pertenecer simultáneamente a dos o más cofradías.

Los órganos rectores de las cofradías

Por lo que respecta a los órganos rectores de las cofradías la norma regula que:

1. Son órganos rectores de las cofradías de pescadores la Junta General o Asamblea, el Cabildo o Comisión Permanente y el patrón mayor.
2. Estos órganos tienen carácter representativo y sus componentes serán elegidos por un periodo de cuatro años, y podrán ser reelegidos y habrá de respetarse, siempre que sea posible, la paridad de representación de trabajadores y empresarios, así como la proporcionalidad entre los sectores de la producción.

Para la gestión de las funciones que tienen asignadas, las cofradías contarán con el siguiente personal:

a) El personal funcionario de la Xunta de Galicia con destino en ellas, que desarrollará de forma preferente las funciones descritas en el párrafo segundo del artículo 3.º de la presente Ley. A su frente estará el Secretario, cuyas atribuciones se fijarán reglamentariamente.

A pesar de su adscripción a las cofradías, este personal mantendrá su régimen jurídico funcionarial.

b) El personal laboral propio que contrate la cofradía con cargo a sus presupuestos.

La creación de nuevas cofradías requerirá el acuerdo mayoritario de, al menos, las tres cuartas partes de los profesionales legalmente habilitados en el ámbito territorial que se pretenda establecer, ya sean o no miembros de otras cofradías. Formalizado el acuerdo, el Consello de la Xunta aprobará, mediante Decreto, su creación.

Se crea el Registro de Cofradías y de sus Federaciones en el que se inscribirán las existentes y todos los actos que afecten a su estructura y funcionamiento.

La fusión y disolución de cofradías precisarán del acuerdo de las respectivas asambleas por mayoría de las tres cuartas partes de sus miembros y de la aprobación por la Consellería de Pesca, Marisqueo y Acuicultura.

Reglamentariamente se determinarán las consecuencias que produzcan la fusión o disolución de cofradías, que, en todo caso, supondrán la pérdida de las concesiones y autorizaciones administrativas para el ejercicio de las actividades de marisqueo y cultivos marinos que posean, sin perjuicio de lo que prevean los Estatutos de la cofradía afectada en cuanto al destino de su patrimonio.

Las cofradías de pescadores y sus federaciones, a requerimiento de la Consellería competente en materia de pesca, deberán someterse a una auditoría externa de cuentas. Dicha obligación se entenderá sin perjuicio de las obligaciones que puedan, en su caso, corresponderles cuando sean beneficiarias de subvenciones con cargo a los Presupuestos Generales de la Comunidad Autónoma de Galicia o de fondos comunitarios.

Intervención administrativa en los órganos de gobierno de las cofradías

La administración tutelante podrá proceder, mediante decreto, a la intervención administrativa de los órganos de gobierno de las cofradías en el caso de que observase faltas graves en la gestión económica que pudiesen poner en peligro su existencia, así como en los supuestos de imposibilidad de funcionamiento normal de aquellos. A estos efectos, previamente a la aprobación del decreto, se concederá un plazo de quince días a la cofradía afectada y a la Federación Gallega de Cofradías de Pescadores para que efectúen las alegaciones que estimen convenientes. Dicho plazo podrá reducirse a cinco días en aquellos casos en que el transcurso de aquel pueda llevar consigo perjuicios de imposible o difícil reparación. 2. El decreto que acuerde la intervención administrativa determinará su plazo de duración, que no podrá exceder de seis meses, prorrogables por otro período de igual duración, mediante orden de la persona titular de la consejería competente en materia de cofradías, así como del órgano gestor o de uno o varios interventores, que tendrán las funciones de gestión ordinaria y defensa de los intereses de la cofradía. 3. Si, transcurrido el plazo de intervención administrativa, subsistiesen las razones que dieron lugar a la misma, se procederá, mediante orden de la persona titular de la consejería competente en materia de cofradías, a la disolución de los órganos de gobierno de las cofradías, así como a la convocatoria de nuevas elecciones, y se mantendrá en sus funciones, hasta la constitución de los nuevos órganos rectores, el órgano o interventor

Las cofradías participan de naturaleza de Administración Pública tanto en su constitución y organización, como en la realización de funciones de carácter administrativo.

Además, pueden desarrollar actividades relativas a la organización y comercialización de la producción del sector de pesca, marisqueo y acuicultura, y representar los intereses de los profesionales del sector, sin perjuicio de su representación a través de las organizaciones de empresarios y trabajadores de la pesca.

El papel de las cofradías en el control de los recursos naturales

Las actividades de explotación de los recursos naturales necesitan ser controladas, para evitar una mala utilización de un medio de dominio público. En este sentido, las cofradías cumplen un papel muy importante (Meliá, 2021). Sin embargo, además de las anteriores competencias, estas entidades, en muchos casos, incorporan aquellas otras relativas a la subasta en lonja, pues el 70% de las existentes tiene la titularidad de una lonja, canal obligatorio de comercialización en la mayor parte de las operaciones de venta en fresco de los productos de la pesca. Es decir, se trata de entidades de carácter público que además realizan actividades económicas propias del ámbito empresarial, lo que les confiere una característica especial y anómala (Botana 2016).

En Galicia existen en la actualidad 63 Cofradías de Pescadores, están consideradas como corporaciones de derecho público y órganos de consulta y colaboración de la Administración en materia de gestión y ordenación pesquera. Desde enero de 2014 su marco jurídico está recogido en el Decreto 8/2014, de 16 de enero, por el que se regulan las cofradías de pescadores de Galicia y sus federaciones. "con este nuevo decreto se pretende, teniendo en cuenta la experiencia y andadura previas, dar respuesta a las cuestiones que surgen en el funcionamiento de estas corporaciones en su día a día, al tiempo que se persigue facilitarles un marco jurídico suficiente que les permita seguir adaptándose y hacer frente a los constantes cambios que se producen en el sector pesquero, especialmente en el que atañe a la gestión de sus recursos y su ámbito de organización y funcionamiento interno, con sometimiento a los principios de legalidad, transparencia contable y democracia interna, que constituyen los tres pilares básicos para que las cofradías sigan actuando, en un mercado de la pesca en constante transformación, como entidades solventes y competitivas" (Exposición de motivos).

En el año 2004, se constituyó la Federación Gallega de Cofradías que es una corporación de derecho público que aglutina a las 3 federaciones provinciales y las 63 cofradías de pescadores de A Coruña, Lugo y Pontevedra. Fue creada mediante lo Decreto 254/2004, por acuerdo del Consello da Xunta de Galicia del 21 de octubre de 2004. En la actualidad existen 12.734 afiliados a las cofradías de pescadores, de los cuales 4.312 son empresas y 8.422 trabajadores. Además, existen más de 80 núcleos de población en los que estas actividades constituyen una base relevante de sus economías, de su empleo o de sus tradiciones (en la Tabla 5 se recogen las cofradías por provincias).

Distribución de las cofradías en el territorio gallego

Tabla 5. 63 Cofradías. 22 en Pontevedra, 35 en A Coruña, 6 en Lugo.2 agrupaciones en A Coruña.

PONTEVEDRA	A CORUÑA	Lugo
A Guarda	A Coruña	Burela
Aldán-Hío	Ares	Celeiro
Arcade	Barallobre	Foz
Baiona	Barqueira-Bares	Ribadeo
Bueu	Cabo da Cruz	San Ciprian
Cambados	Caión	Vicedo
Cangas de Morrazo	Camariñas	
Carril	Camelle	
Illa de Arousa	Cariño	
Lourizán	Carreira-Aguiño	
Moaña	Cedeira	
Marín	Corcubión	
O Grove	Corme	
Pontevedra	Espasante	
Portonovo	Ferrol	
Raxó	Fisterra	
Redondela	Laxe	

Sanxenxo	Lira-Carnota	
Vilanova de Arousa	Lorbe	
Vilaxoan	Malpica	
Vigo	Mera Oleiros	
Vilaboa	Miño	
	Mugardos	
	Muros	
	Muxía	
	Noia	
	O Pindo	
	Palmeira	
	Pobra do Caramiñal	
	Pontedeume	
	Portosín	
	Porto do Son	
	Rianxo	
	Sada	
	Santa Eugenia de Ribeira	
	Agrupación Mariscadores Río Allón	
	Agrupación Santa Elena de Baldaio	

Fuente: Elaboración propia a partir de datos de la Federación Galega de Cofradías

5. Contexto laboral desde el punto de vista de las protagonistas

La peculiaridad del tema que aquí se analiza, junto con su vinculación a Galicia y la vida vinculada al mar, requiere de un análisis tanto de tipo cuantitativo como cualitativo, de ahí que la metodología aplicada aborde los dos terrenos.

Por una parte, se analizan con detalle los ODS y su relación con la actividad del marisqueo, al objeto de cumplir con el principal objetivo de este trabajo, por tanto se propone un análisis metodológico deductivo, a partir del estudio de la Agenda 2030 y del detalle de sus diecisiete objetivos.

Por otra parte, se aplica una metodología de naturaleza estadístico-descriptiva, basada en datos secundarios obtenidos de fuentes oficiales, que permite enmarcar adecuadamete el objeto de estudio.

A mayores, se ha realizado un análisis cualitativo basado en entrevistas semiestructuradas realizadas entre mariscadoras, forma que este enfoque cualitativo, aporte los necesarios matices, ausentes en los estudios estadísticos y econométricos. Dadas las características específicas (que se han comprobado en el análisis empírico cuantitativo) del caso elegido para el estudio (Ferrol), hemos optado por una muestra no estratificada en la que han participado tanto hombres como mujeres ejercientes en la actividad marisquera, independientemente de que la realicen a pie o en embarcación. El cuestionario consta de dos partes: la primera relativa al trabajo y la segunda de opinión. Para elaborar este cuestionario se ha consultado previamente a personas relacionadas con el marisqueo y se ha preguntado a tres investigadores del Instituto Universitario de Estudios Marítimos de A Coruña sobre el contenido del mismo, al objeto de valorar si las preguntas eran adecuadas o no. Una vez recogidos los comentarios de estos expertos e incluidas sus recomendaciones, se ha procedido a recoger las respuestas. Para ello, se ha contactado con la cofradía de Ferrol y se han establecido las correspondientes citas para las entrevistas personales. Las entrevistas se han realizado en los meses de octubre y noviembre de 2023, con el objeto de tener información lo más actualizada posible. Finalmente se han conseguido respuestas completas para diez entrevistas, de las cuales, ocho corresponden a mujeres y dos a hombres, todos ellos en activo en este momento.

Como nota metodológica general, los autores de este trabajo quisieran hacer constar la importancia del componente de género que traspasa esta investigación de forma transversal, ya que, aunque en la actualidad la actividad del marisqueo está desarrollada tanto por hombres como por mujeres, son estas las que han actuado históricamente en este terreno y las pioneras en esta actividad, de ahí que los autores se haya tomado la libertad de utilizar el término "mariscadoras" como genérico, en píe de igualdad con el de "mariscadores", también genérico, englobando toda la población trabajadora en este sector de forma genérica, independientemente de su género. No obstante, en muchas ocasiones se hace referencia de forma específica a las "mujeres mariscadoras" por dos razones: por su peso histórico y porque todavía son mayoritarias en esta labor.

6. Resultados de la Encuesta a Mariscadoras: Evolución del Marisqueo y Condiciones Laborales

A partir del estudio estadístico descriptivo y del análisis cualitativo, se ha contextualizado el trabajo realizado en el terreno indicado por las Naciones Unidas, como adecuado para el logro de la sostenbilidad con un enfoque holístico.

Las entrevistas se han llevado a cabo en 2023 y se dirigió principalmente a mariscadoras de la ría de Ferrol, Galicia. La muestra fue seleccionada mediante un muestreo estratificado para asegurar la representatividad en términos de edad y género. La encuesta incluyó preguntas sobre las condiciones laborales, la evolución de la actividad del marisqueo y los problemas de salud asociados a la actividad. Los datos, procedentes de informaciones estadísticas oficiales, del INE y del IGE (institutos estadísticos español y gallego, respectivamente) muestran una evolución significativa en la actividad del marisqueo en Galicia desde el año 2009 hasta 2022. En este período, el número de mujeres mariscadoras ha disminuido en un 30%, mientras que la participación masculina ha aumentado notablemente, especialmente entre los hombres mayores de 50 años. Estos cambios demográficos sugieren un desplazamiento en la dinámica de género en la actividad del marisqueo, influenciado por factores económicos y sociales, de ahí la distribución de Permisos de Marisqueo (2009-2022), en los cuales, en 2009, los hombres representaban el 9% del total de permisos, mientras que en 2022 esta cifra aumentó al 33%, por su parte, la participación de las mujeres mayores de 50 años disminuyó de 2.333 en 2009 a menos de 1.500 en 2022.

Las entrevistas realizadas también han revelado una alta incidencia de enfermedades y dolencias entre las mariscadoras, relacionadas con las condiciones laborales adversas y la exposición prolongada a factores ambientales como la humedad y el frío. Entre las enfermedades más comunes se encuentran la artrosis, la lumbalgia, el reumatismo y la fibromialgia. Sin embargo, muchas de estas dolencias no están reconocidas oficialmente como enfermedades profesionales, lo que limita el acceso a beneficios y medidas de protección específicas. En síntesis, las principales afecciones manifestadas son: dolor de columna, cuello y hombros; Síndrome del túnel carpiano; Problemas de rodilla; Artrosis, lumbalgia, reumatismo y fibromialgia. El reconocimiento oficial de estas enfermedades como profesionales es crucial para mejorar las condiciones laborales y el bienestar de las mariscadoras, permitiéndoles acceder a mejores retribuciones y apoyo institucional.

Las mariscadoras gallegas han defendido la vida de los mares (ODS 14) y la biodiversidad terrestre (ODS 15). Alimentaron a sus familias (ODS 1 y 2), y sus hijos crecieron en un entorno saludable. Estas mujeres fueron pioneras (ODS 3), contribuyeron a la sociedad (ODS 4, 5 y 10) mejorando las condiciones de vida de sus vecinos (ODS 11, 12 y 13). Debemos a las Mariscadoras de Galicia la presencia de muchas especies, entre ellas almejas, berberechos y navajas. El marisqueo a pie es una tarea delicada que sólo puede realizarse cuando el agua de la costa retrocede (por lo que sólo disponen de unas cuatro horas de trabajo: las dos anteriores y las dos posteriores a la bajamar). Sin embargo, estas trabajadores se sienten discriminadas en este subsector de actividad por razón de género. Los factores que más peso tienen en este sentido son la capacidad de decisión, seguido del nivel de responsabilidad y el salario. Afirman que normalmente trabajan a doble jornada ya que no cuentan con ayuda para realizar las tareas domésticas en casa. Es necesario impulsar la consecución del ODS 5.

En cuanto a los salarios de las mariscadoras necesarios para su subsistencia y la de sus familias, las mariscadoras de a pie cobran en función de la calidad del marisco que han extraído y de lo que se cotiza en la lonja. Por esta razón, no todos cobran lo mismo dentro del mismo grupo. Los ingresos medios, que obtienen al mes por esta actividad, varían mucho de unas regiones a otras. Con unos ingresos, que, en 2019, según datos de la Dirección General de Desarrollo Pesquero, se situaron en 920 euros mensuales de media. Lo habitual es que la Cofradía les pague cada quince días (a principios y a mediados de mes), un logro que han conseguido algunas mariscadoras, que consideran que un único pago a final de mes no les permite hacer frente a los gastos del día a día. A pesar de los enormes avances en este campo, las mariscadoras siguen reclamando alcanzar plenamente el trabajo digno y sostenible que propone el ODS 8.

Desde el punto de vista de la salud laboral, los mariscadores son trabajadores de un sector complicado. En el sector del marisqueo a pie, las artes y los métodos de extracción de estos trabajadores son totalmente artesanales y, por tanto, respetuosos con el medio ambiente. Tiene la ventaja de contribuir a la supervivencia del medio ambiente y del propio sector. Sin embargo, también tiene la desventaja de que la utilización de este tipo de artes requiere una destreza y un esfuerzo que merman la salud de los mariscadores. Por ello, es necesario establecer medidas de control para la prevención de riesgos laborales. Una frase muy gráfica que caracteriza la diferencia entre hombres y mujeres en prevención es que "*las mujeres se desgastan mientras que los hombres se accidentan*" *(OIT, 2011).*

Las mariscadoras han tenido que llevar a cabo durante años un programa de estrategias productivas, económicas y, sobre todo, organizativas para llegar a la situación actual. Para ello, los poderes públicos apoyaron la profesionalización, así como la organización del sector y la concienciación de que la auto organización y el asociacionismo son esenciales para el desarrollo y mejora de la actividad. De hecho, la creación de asociaciones u organizaciones de mariscadores ha proliferado en la última década, a pesar de que el marisqueo a pie, como es bien sabido, es una actividad regulada individualmente. Para Martínez (2016), la creación de asociaciones u organizaciones ha sido fruto de situaciones de crisis o bien una respuesta a la invisibilidad de su trabajo o a la escasez de recursos, especialmente formativos, que tienen en su desarrollo. El empoderamiento de las mariscadoras se vio enormemente impulsado junto con la igualdad de género puesta en marcha (DSG 4).

La fórmula asociativa más extendida es la Cofradía de Pescadores y dentro de estas organizaciones, las agrupaciones sectoriales, denominadas Asociaciones de mariscadores, que realizan actividades de gestión, ordenación y control de los recursos, además de planificar el proceso productivo en base a un plan de gestión. Explotación regida por la Administración. Cada día son las Cofradías las que determinan la cantidad de marisco que puede recoger cada uno de los mariscadores. Son las llamadas cuotas. Saben que el marisco es su fuente de riqueza, y si quieren asegurarse un futuro, tienen que respetar las cuotas en el presente. Además, podemos señalar que se trata de entidades que pertenecen simultáneamente a dos ámbitos que ya individualmente están bien posicionados para contribuir al desarrollo sostenible tanto de la pesca artesanal como de la Economía Social. Dado que la actividad pesquera artesanal contribuye a la consecución de estos objetivos, se considera menos agresiva para el medio ambiente y los ecosistemas en comparación con otros sectores pesqueros (García, 2021). La defensa de los ODS se promueve desde todas estas acciones citadas (concretamente los ODS 3, 5, 12, 13 y 14).

Para llegar a la situación actual, los mariscadores han tenido que pasar de pensar con una mentalidad individual a hacerlo con una mentalidad colectiva; convertir varias voces dispersas y silenciosas en una sola voz común que vele por sus derechos y reclame mejoras y avances para esta profesión (Comisión de Pesca del Parlamento Europeo, 2008). Así, el Parlamento Europeo señaló esta cuestión como relevante para la sostenibilidad en Europa. Gracias al asociacionismo, los mariscadores han alcanzado metas que nunca habrían conseguido individualmente. En primer lugar, el asociacionismo a nivel laboral (ya conocido como Cofradías de Mariscadores) puede definirse como organismos que permiten a los mariscadores sistematizar su trabajo y obtener así un uso más útil y normalizado de los recursos. Y en segundo lugar, se encuentra el asociacionismo social (como la Asociación Gallega de Mariscadores, comúnmente conocida como Agamar). Nace con la idea de agrupar a todos los mariscadores y darles una voz común. Así, está dedicada a la consecución de los objetivos del sector, tales como el aprovechamiento de la jornada, el cual depende en gran medida de la intensidad de la marea y de la climatología, pasando a adaptarse a la marea diurna, con una duración aproximada de cuatro horas. El ODS 8 está relacionado con este escenario.

Desde mediados de los años 90, el sector del marisqueo a pie ha experimentado una importante transformación, pasando de ser una actividad individual y meramente extractiva a una organizada en la que se realizan nuevas labores complementarias, ya que este colectivo participa activamente en otras tareas que contribuirán a la especialización de su trabajo y ayudarán a desarrollar un mayor entendimiento entre ellos. (Comisión de Pesca del Parlamento Europeo, 2008). Este tipo de tareas puede ser el caso de la siembra de moluscos. Esta tarea se realiza dos o tres veces al año, en mareas en las que no es posible mariscar y contribuye a su sostenibilidad y al mantenimiento de los ecosistemas naturales. Otro de los trabajos que realizan estos trabajadores está relacionado con la limpieza, tareas que consisten en retirar las algas de la superficie con la ayuda de un rastrillo. Las labores de limpieza se realizan unos doce días al mes, con una duración de cuatro horas diarias. Por último, otra de las tareas que realizan los mariscadores es la de vigilancia; en este caso, estos trabajadores se encargan de que no haya furtivos en los bancos marisqueros y de que no se produzca el agotamiento y destrucción del producto. Además, la recolección ilegal sin pasar por los controles de calidad adecuados puede ser perjudicial para la salud pública.

La falta de datos estadísticos específicos sobre las mujeres en el marisqueo impide defender los intereses particulares femeninos y adoptar medidas para garantizar la igualdad entre mujeres y hombres en situaciones en las que persiste la desigualdad (Martínez, 2020). En todos los sectores y subsectores de la pesca y la acuicultura trabajan mujeres, pero en determinadas actividades el porcentaje de trabajadoras es superior al de trabajadores, como es el caso de la pesca extractiva artesanal. La participación de las mujeres en el sector de la pesca artesanal a pie o del marisqueo depende del contexto económico, social y cultural. Por esta razón, la utilización de una perspectiva de género para el marisqueo es de vital importancia ya que el género es un conjunto de características sociales, culturales, políticas, psicológicas, jurídicas y económicas asignadas a las personas de forma diferenciada según sean hombres o mujeres. (UNICEF, 2017). La agenda 2030 y los 17 Objetivos de Desarrollo Sostenible (ODS) han demostrado que la igualdad no es solo un derecho humano, sino también una cuestión transversal, ya que tiene una dimensión transversal sobre la igualdad de género. Muy a menudo, la escasa visibilidad de las mujeres mariscadoras les ha generado desventajas que dan lugar a importantes desigualdades (FAO, 2015). El salario es un ejemplo, ya que el trabajo de marisqueo a pie suele estar peor remunerado. La primera organización internacional en reconocer la importancia de las mujeres en la pesca artesanal y la necesidad de reconocer los derechos de las mujeres fue la FAO en 2015, que determinó que, en esta misión, la colaboración de las asociaciones del sector es esencial.

Los ODS giran en torno a las personas, el planeta, la prosperidad, la paz y las alianzas; y los diferentes tipos de desigualdades para los que los Estados firmantes deben proteger los derechos humanos y promover la igualdad de género y el empoderamiento de las mujeres y las niñas (ONU, 2015). Por ello, los ODS que tienen un impacto más significativo en las mujeres mariscadoras son los relacionados con la igualdad (ODS 10 sobre reducción de las desigualdades y ODS 5 sobre igualdad de género); los relacionados con la naturaleza, el medio ambiente y la cadena de producción de alimentos (ODS 12 sobre producción y consumo responsable, ODS13 sobre acción por el clima, ODS 14 sobre la vida submarina y ODS 15 sobre la vida del ecosistema terrestre); y, por último, el ODS 1 como vía para acabar con la pobreza y la exclusión (Bürgin, 2020).

La necesidad de mejorar las condiciones de las mujeres en el sector del marisqueo viene de la mano de la profesionalización y consecuentemente de su formación. Hasta la segunda mitad del siglo XX, el marisqueo ha sido tradicionalmente una actividad realizada para el autoabastecimiento, siendo en épocas de dificultad económica un medio de subsistencia para las familias, especialmente para aquellas con menos ingresos. Además, el marisqueo era un complemento de la dieta e incluso podía utilizarse como moneda de cambio para el pago de rentas feudales o para el intercambio con otros productos (García, 1997). En los años 50 y 60, el marisqueo experimentó un gran auge, provocado principalmente por la crisis de la agricultura tradicional a finales de los 50 y por el desarrollo económico e industrial de los 60. Durante estos años, la actividad marisquera comenzó a adquirir un importante carácter comercial. El aumento de la demanda de determinadas especies de marisco destinadas a la industria conservera condujo a la revalorización de este producto y provocó la generalización de la práctica del marisqueo, lo que, a su vez, condujo a la sobreexplotación progresiva de las playas. Así, dejó de ser una actividad exclusiva de las mariscadoras que habían heredado el oficio que habían aprendido de sus predecesoras (el legado), para convertirse en una práctica común de la población local no profesional. Con esta nueva revalorización, se agravó la amenaza de sobreexplotación de los recursos. Por este motivo, la Administración Central se planteó la urgencia de ordenar un sector que hasta ahora carecía de regulación, viendo la necesidad de establecer normas específicas para que se respetaran las épocas de veda, las tallas mínimas, los horarios de ejercicio de la actividad, etc. A esta época pertenece la Ley de Explotación del Marisqueo de Galicia, promulgada en 1961. Esta legislación regulaba el dominio de las playas a favor del

Estado, pero depositaba en las Cofradías el derecho a proteger las concesiones administrativas de explotación marisquera, de donde deriva la actual titularidad administrativa de concesión marisquera que ostenta la Cofradía de Pescadores. La Constitución de 1978 estableció un sistema competencial en materia pesquera caracterizado por un reparto de funciones y responsabilidades entre el Estado y las Comunidades Autónomas. Así, en el artículo 148.1.18, se permitió a las Comunidades Autónomas asumir en sus Estatutos la pesca en aguas interiores, el marisqueo y la acuicultura como competencia exclusiva. A partir de entonces, las Administraciones autonómicas comenzaron a ordenar este subsector y aprobaron las primeras normas para su regulación, que posteriormente se han ido desarrollando, ampliando y concretando. Esto supuso que, por primera vez, se establecieran las bases y condiciones reguladas para el desarrollo de un oficio como el marisqueo, configurando y delimitando la actividad a un colectivo de mariscadores profesionales autorizados. Asimismo, la entrada de España en la Comunidad Económica Europea a finales de la década de los ochenta influyó en la política marisquera y en el fomento de esta actividad aportando financiación para el desarrollo de programas específicos.

Galicia es la Comunidad Autónoma donde el marisqueo tiene un mayor peso, tanto en trabajadores dedicados a esta actividad como en producción. Fue allí donde, en 1993, se produjo uno de los hitos legislativos significativos que marcarían la evolución del marisqueo, la promulgación de la Ley 6/93 de Pesca de Galicia, que regulaba este sector. Esta Ley de Pesca impulsó la profesionalización de un colectivo para el que el marisqueo pretendía ser una fuente primaria de ingresos y empleo estable. Pero además de esta apuesta por parte de la Administración Autonómica, fue la organización de las mariscadoras, fomentada a través de la formación impartida por la Xunta y financiada a través de fondos comunitarios, la que se convirtió en el verdadero motor de las transformaciones que experimentó este antiguo oficio e hizo posible la creación de una nueva profesión.

A pesar de los cambios legislativos anteriores, las mariscadoras no han recibido la atención que merecen por parte de la Administración. Hay que tener en cuenta que se trata de un trabajo discontinuo, irregular, que puede compaginarse con las tareas del hogar y que carece de reconocimiento (lo que dificulta la consecución de los objetivos 8 y 5 de los ODS). La negación de este reconocimiento ha sido vital en la subordinación económica, social y política de estas mujeres ya que el trabajo tiene una función económica y permite la autonomía, pero también es un eje central en la adscripción de derechos y garantía de ciudadanía. (Marugan, 2012). Este colectivo sufría una clara discriminación dentro de las estructuras organizativas del sector, que eran las Cofradías de Pescadores. Sólo dos de las sesenta y seis Cofradías de Pescadores estaban dirigidas por una mujer. Las mujeres prácticamente no tenían sus grupos. Los pocos grupos que existían estaban presididos mayoritariamente por hombres, en algunos casos incluso por personal ajeno a la actividad. Romper la atomización y el localismo que las estaba destruyendo era muy importante. Las mariscadoras, cuando estaban juntas, veían claramente la discriminación y sus problemas comunes: falta de integración en las cofradías y en los órganos de gobierno del sector, falta de regulación y normativa para un excelente funcionamiento interno, furtivismo y, sobre todo, falta de información y formación (Ministerio de Agricultura, Alimentación y Medio Ambiente 2016).

Con el desarrollo del Plan Galicia 1996-2001 y el establecimiento del Real Decreto 2580/1996 y el actual Real Decreto 548/2014, de 13 de diciembre, se profesionalizó esta actividad mediante certificados.

De esta forma, se comenzó a fomentar el desarrollo sostenible, empezando por poner menos jornadas de extracción en los Planes de Explotación. Las jornadas que ahora aparecen en los planes de explotación se acercan mucho más a las que permite la naturaleza de la actividad. Y poco a poco fueron adaptando su actividad a los días marcados en el plan de explotación. Pero, además, para controlar el furtivismo interno, se establecieron puntos de control e impusieron topes y tallas mínimas. Inventaron normas para medir las capturas en la playa y cribas para que cayeran las almejas que no tenían el tamaño adecuado. Establecieron varios puntos de control e incluso sancionaron a quienes, dentro de su grupo, incumplían las normas y cogían más del límite o intentaban vender almejas de talla inferior a la permitida. Al surgir los problemas, se estableció un procedimiento sancionador que antes no existía (Ballester, 2020).

EL ANÁLISIS CUANTITATIVO

En términos generales se ha comprobado que la proporción de mujeres es notablemente superior a la de los hombres, especialmente al inicio del período analizado, aunque se va equilibrando a lo largo del tiempo, disminuyendo en los últimos años esta brecha. El trabajo de marisqueo a pie es uno de los más característicos de este tipo, aunque existen otros, como los realizados en embarcación.

En base a los datos disponibles, los resultados de nuestro análisis, de carácter descriptivo se han clasificado en torno a las variables edad y género, al tiempo que también se aportan resultados por áreas geográficas, e incluso por cofradías. En este aspecto, se ha analizado con especial atención el caso de la cofradía de Ferrol, ya que es la que ha centrado el interés del estudio del caso, con las entrevistas que constituyen el núcleo del trabajo de campo cualitativo.

La distribución del empleo entre hombres y mujeres

Si se realiza un análisis de estos permisos por género, se comprueba que la inmensa mayoría corresponden a mujeres (véase Gráfico 3), aunque se aprecia una tendencia decreciente en el número de mujeres, lo que también se comprueba en la Tabla 6, donde se recoge la tasa de crecimiento anual de los permisos atendiendo al género.

Gráfico 3. Permisos de marisqueo concedidos por género. Evolución temporal.

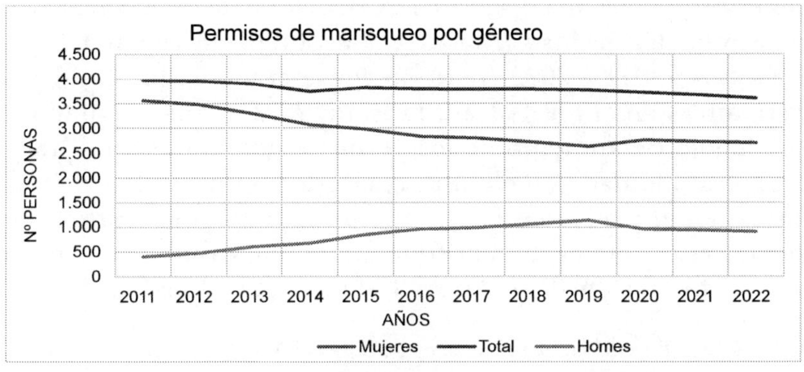

Fuente: elaboración propia en base a datos del IGE

Tabla 6. Tasa de crecimiento anual de los permisos de marisqueo, atendiendo a la participación por sexo.

Tasa crecimiento anual permisos de marisqueo		
Mujeres	Total	Hombres
-2,4%	-0,4%	16,7%
-5,3%	-1,3%	28,4%
-6,6%	-4,0%	10,2%
-3,1%	2,1%	25,9%
-4,8%	-0,7%	13,6%
-1,1%	-0,1%	3,0%
-3,0%	-0,1%	8,1%
-3,3%	-0,4%	6,9%
4,9%	-1,4%	-16,0%
-1,2%	-1,3%	-1,7%
-1,1%	-1,7%	-3,5%

Fuente: elaboración propia en base a datos del IGE

La incorporación masculina a la tarea de marisqueo se pone claramente de manifiesto en el Gráfico 3, donde se aprecia una evolución positiva para los permisos dirigidos a los hombres, a pesar de que hay una disminución en el total de los mismos. Así, la disminución de los permisos de marisqueo que tenían las mujeres entre 2011 y 2022 (período considerado, según los datos disponibles en el IGE) alcanza casi un 25 % (24,2%), mientras que la tasa de aumento de los permisos destinados a los hombres ha aumentado en el mismo período en un 124,1%, de esta forma, en el período en su conjunto ha habido un control de los permisos totales de marisqueo, que han disminuido en un 9%, pasando de 3979 en 2011 a 3.614 en 2022 (véase Gráfico 4).

Gráfico 4. Tasa de variación anual de los permisos de marisqueo concedidos atendiendo al género.

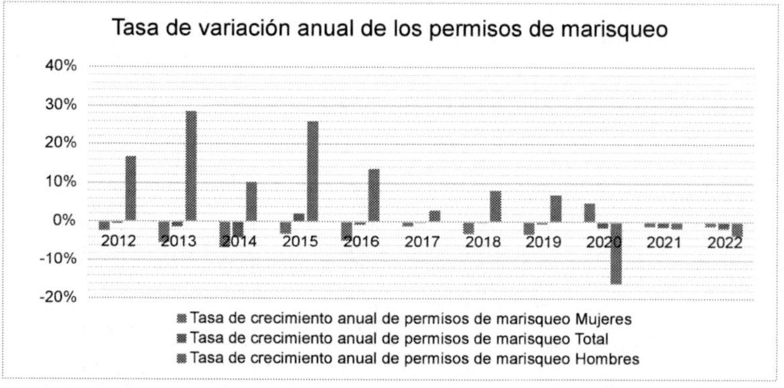

Fuente: elaboración propia en base a datos del IGE

La distribución provincial de permisos se corresponde con la intensidad de la actividad y la longitud de la costa en cada una de ellas, los porcentajes correspondientes a 2011 y 2022 se muestran en el Gráfico 5.

Las peculiaridades de la cofradía de Ferrol se ponen de manifiesto al respecto de la participación de hombres y mujeres, en la Tabla 7, donde está resaltada la línea correspondiente.

Otras cofradías con situaciones equiparables en A Coruña son las de Aguiño y Palmeira (Ribeira), Camelle (Camariñas),

Laxe, Lorbé y Mera (Oleiros), Pontedeume, Sada, en la provincia de Lugo, esta situación es más frecuente, ya que se produce en cuatro (Burela, Celeiro, Foz y O Vicedo) de las siete cofradías que actúan en la provincia; en Pontevedra, esta situación se produce en las cofradías de Aldán-O Hío y Cangas (Cangas), Arcade (Soutomaior) y también ha sucedido en Moaña durante los años 2012 a 2018 (los detalles se pueden encontrar en la Tabla 7).

No obstante, la comparativa con los datos totales y también con los datos de cualquiera de las tres provincias muestran la peculiaridad de la situación en Ferrol, en lo relativo al marisqueo a pie.

Tabla 7. Proporción entre mujeres y hombres respecto a los permisos de marisqueo a pie, por tipo de organización (Cofradía, Asociación, Cooperativa y Organización de productores)

Nº permisos mujeres/Nº permisos hombres												
	2011	**2012**	**2013**	**2014**	**2015**	**2016**	**2017**	**2018**	**2019**	**2020**	**2021**	**2022**
Total	80,8	70,3	50,4	40,6	30,5	30,0	20,8	20,5	20,3	20,9	20,9	30,0
A Coruña	**50,0**	**40,3**	**30,9**	**30,3**	**20,4**	**20,1**	**10,9**	**10,7**	**10,5**	**10,8**	**10,8**	**10,9**
Río Anllóns (A)	30,0	27,0	25,0	60,8	60,5	50,5	50,3	20,0	20,0	40,6	40,4	50,3
Santa Helena de Baldaio (A)	---	---	---	50,0	10,3	10,7	0,4	0,2	0,1	0,4	10,0	0,6
A Coruña	0,8	0,9	0,8	0,8	0,8	0,7	0,7	0,8	0,8	10,0	0,9	0,9
A Pobra do Caramiñal	20,9	20,3	20,7	20,9	20,9	20,6	10,9	10,9	10,8	10,8	10,6	10,5
Aguiño (Ribeira)	10,0	10,0	10,0	0,0	0,0	0,0	0,0	0,0	0,0	0,0	---	---
Barallobre (Fene)	26,0	24,5	30,5	30,1	10,4	0,8	0,8	0,8	0,6	20,0	20,3	20,5
Cabo de Cruz (Boiro)	60,4	40,5	50,2	30,2	30,0	20,5	20,0	10,9	10,7	10,8	10,8	10,8
Caión	0,4	0,4	0,4	0,4	0,4	0,4	0,4	0,4	0,4	0,3	0,3	0,3
Camariñas	80,8	70,0	80,5	90,1	90,8	10,8	13,8	12,4	60,9	10,8	10,2	9,8
Camelle (Camariñas)	---	---	---	---	---	---	---	---	---	---	---	---
Cariño	19,0	17,0	13,0	10,0	20,5	30,7	20,6	10,8	10,5	10,4	20,0	20,3
Cedeira	10,0	70,0	30,0	20,4	20,0	10,5	10,4	10,2	0,9	40,0	30,8	30,5

Corcubión	13,0	12,0	12,0	12,0	11,0	70,0	30,0	20,2	10,7	30,0	30,8	40,2
Corme (Ponteceso)	40,2	30,1	20,6	10,8	10,3	10,0	0,7	0,6	0,4	0,3	0,3	0,4
Espasante	17,0	10,6	10,4	10,2	10,0	0,9	0,7	0,5	0,5	20,2	20,8	20,5
Ferrol	0,1	0,1	0,1	0,1	0,1	0,1	0,1	0,1	0,1	0,1	0,0	0,0
Fisterra	0,3	0,3	0,4	0,3	0,3	0,2	0,6	0,6	0,6	0,7	10,0	10,3
Laxe	0,7	0,5	0,5	0,3	0,3	0,3	0,3	0,0	0,0	0,0	0,0	---
Lira (Carnota)	28,0	27,0	25,0	19,0	15,0	14,0	20,1	10,8	10,8	20,1	20,6	30,2
Lorbé (Oleiros)	---	0,0	0,0	0,0	---	---	---	---	---	---	---	---
Malpica	0,9	0,8	0,7	0,9	0,7	0,7	0,5	0,5	0,4	0,6	0,6	0,6
Mera (Oleiros)	---	0,0	0,0	0,0	0,0	0,0	---	---	---	---	---	---
Miño	12,0	21,0	20,0	15,0	15,0	13,0	30,0	10,4	0,3	0,4	0,5	0,5
Mugardos	17,0	60,4	70,0	40,5	10,4	0,9	0,7	0,7	0,6	0,9	0,8	10,0
Muros	60,5	60,5	40,9	30,4	20,9	20,7	20,4	20,4	20,3	20,8	20,9	30,1
Muxía	0,4	0,4	0,4	0,3	0,3	0,3	0,4	0,3	0,3	0,4	0,5	0,3
Noia	68,5	35,5	28,4	26,3	70,9	60,2	50,9	40,6	30,9	30,6	30,9	40,0
O Barqueiro	16,0	14,0	40,0	20,8	20,5	20,0	20,0	10,1	10,1	60,5	50,5	11,0
O Pindo (Carnota)	20,9	40,2	30,8	30,0	10,8	10,7	0,8	0,5	0,5	0,5	0,6	0,6
Palmeira (Ribeira)	---	---	---	40,5	40,0	30,5	30,0	30,0	30,0	60,0	60,0	60,0
Pontedeume	---	30,0	20,8	20,3	20,3	20,3	20,3	20,2	10,7	40,7	20,8	40,0
Porto do Son	20,0	10,5	10,5	10,5	10,5	10,5	10,5	10,5	10,5	10,3	10,0	10,0
Rianxo	27,8	18,2	90,1	80,4	70,9	40,7	30,4	20,6	20,2	20,1	20,2	20,3
Sada	---	---	---	0,6	0,6	0,3	0,3	0,3	0,5	0,5	0,5	---
Ría de Arousa-Abanqueiro (Coop.)	50,0	---	---	---	10,6	20,3	20,3	30,0	20,7	60,0	60,0	50,0
Otras situaciones	0,0	0,0	0,0	0,0	---	---	---	---	---	---	---	---
Lugo	30,8	30,1	20,5	10,4	10,2	10,2	10,1	0,7	0,7	0,6	0,7	20,0
San Cosme-Barreiros (Asoc.)	---	10,0	0,5	0,0	0,0	0,2	0,0	0,0	0,0	0,0	0,5	50,0
Burela (Cervo)	0,0	0,0	0,0	0,0	---	---	---	---	---	---	---	---
Celeiro (Viveiro)	10,5	10,5	0,7	0,3	10,0	0,5	---	---	---	---	---	---

Foz	20,5	40,0	---	---	---	---	---	---	---	---	---	---
O Vicedo	---	---	17,0	17,0	---	---	---	---	---	---	---	50,0
Ribadeo	20,8	20,8	30,2	0,8	0,6	0,6	0,5	0,3	0,3	0,3	0,3	10,3
San Cibrao (Cervo)	10,0	10,0	10,0	10,0	10,0	0,7	0,7	0,7	0,7	0,7	0,3	0,3
Pontevedra	19,5	14,6	70,5	60,5	50,0	40,1	40,2	30,8	30,4	40,5	40,6	40,5
A Guarda	60,3	20,9	30,0	20,5	10,7	10,4	10,6	10,6	10,6	10,4	10,6	10,6
Aldán-O Hío (Cangas)	---	---	---	---	---	70,0	---	---	---	---	---	---
Arcade (Soutomaior)	---	31,3	28,7	26,0	40,9	40,8	40,6	30,1	30,2	50,2	60,3	60,0
Baiona	50,6	50,2	40,9	40,5	40,0	20,2	10,8	10,7	20,3	10,8	10,7	10,6
Cambados	57,3	26,7	28,7	27,1	19,2	18,9	17,7	14,7	14,3	17,0	13,1	13,7
Cangas	---	---	---	70,0	70,0	60,0	50,0	40,0	50,0	---	---	---
Carril (Vilagarcía)	11,7	70,6	70,9	60,1	70,3	60,5	50,1	30,9	20,5	30,5	30,0	20,8
Lourizán (Pontevedra)	17,3	14,0	20,6	20,4	10,5	10,4	10,3	10,2	10,1	20,1	20,0	20,3
Moaña	12,0	---	---	---	---	---	---	---	30,0	30,5	18,0	29,0
O Grove	19,6	12,1	60,7	60,0	50,7	40,4	30,8	30,7	30,3	30,0	30,1	30,2
Pontevedra	17,7	17,6	40,6	30,5	20,3	10,6	30,0	20,4	20,3	30,1	30,2	20,3
Portonovo (Sanxenxo)	0,0	0,0	0,0	0,0	0,0	0,0	0,0	0,0	0,0	0,0	0,0	0,0
Raxó (Poio)	70,3	60,3	0,7	0,9	10,0	0,6	0,7	0,7	0,8	20,5	20,2	20,3
Redondela	60,3	60,1	40,3	30,1	20,8	30,1	30,2	40,2	40,1	10,9	14,7	13,0
Vigo	10,0	10,0	0,8	0,4	0,2	0,0	0,0	0,0	0,0	0,2	0,3	0,0
Vilaboa	68,0	66,0	61,0	57,0	15,3	70,3	60,4	70,0	60,4	20,7	20,7	19,3
Vilanova	210,0	99,0	41,8	28,1	11,7	90,6	80,7	50,2	40,6	50,8	60,8	70,0
Vilaxoán (Vilagarcía)	63,0	17,0	80,4	70,6	70,4	40,2	40,5	30,9	30,1	40,0	40,2	40,2
A Illa de Arousa (O.P.P. 2)	---	2940	271,0	252,0	125,5	123,5	120,0	34,4	28,1	54,0	11,5	29,0

Fuente: elaboración propia en base a datos del INE

NOTA: la complejidad de la organización de este sector se refleja, una vez más, en la distribución de los permisos entre (1) cofradías, (2) asociaciones de mariscadoras (señaladas con (A) y con (Asoc.), (3) Cooperativas (señaladas con (Coop.) y Organizaciones de productores (señaladas con (O.P.P.)

Las edades de las personas dedicadas al marisqueo

Esta actividad tradicional hace tiempo que se está realizando por personas mayores, mientras que las más jóvenes intentan buscar otras labores. En este sentido, los datos son clarificadores (véase Tabla 8), aunque dejan lugar a la esperanza, ya que en los dos últimos años se ha comprobado que el porcentaje mayor de edades participantes es ligeramente inferior a los años anteriores.

Tabla 8. Distribución por edades de los permisos de marisqueo en Galicia

% permisos por edades												
Edades/ Años	**2011**	**2012**	**2013**	**2014**	**2015**	**2016**	**2017**	**2018**	**2019**	**2020**	**2021**	**2022**
Menor o igual que 20 años	00,1	00,1	00,2	00,1	00,2	00,1	00,1	00,1	00,1	00,1	00,1	00,0
De 21 a 30 años	20,2	20,9	30,8	40,0	40,9	40,9	50,1	50,0	40,8	40,3	30,1	20,5
De 31 a 40 años	13,9	14,7	15,5	15,3	16,3	16,7	16,5	16,3	15,8	14,0	13,1	12,3
De 41 a 50 años	26,7	27,4	28,5	29,3	29,4	29,8	30,8	31,4	32,2	33,6	35,9	37,5
De 51 a 60 años	39,5	37,6	35,6	36,0	35,7	35,6	34,9	34,6	34,7	35,1	34,8	35,3
Más de 60 años	17,6	17,2	16,4	15,3	13,5	12,9	12,6	12,6	12,4	12,9	13,1	12,4

Fuente: elaboración propia en base a datos del IGE

El análisis por áreas geográficas del marisqueo gallego

Gráfico 5. Porcentaje de permisos de marisqueo correspondiente a cada una de las provincias gallegas, en los años 2011 y 2022.

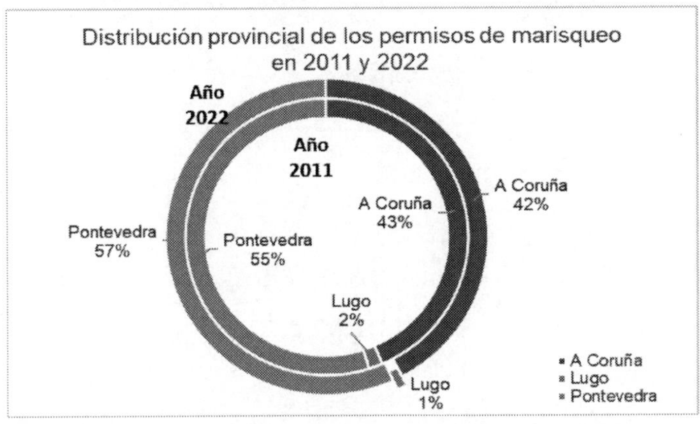

Fuente: elaboración propia en base a datos del IGE

Al objeto de comprobar si el comportamiento por áreas geográficas es similar en todas ellas, respecto a la estructura de edades de las personas empleadas en el marisqueo, se han afrontado dos tipos de análisis cuantitativos, además del estadístico descriptivo anterior, por una parte, se ha utilizado un análisis clúster de clasificación de áreas geográficas, conforme a sus características y, por otra parte, un análisis de causalidad, mediante un estudio de regresión lineal por mínimos cuadrados ordinarios, en primer lugar con regresión lineal múltiple y, a continuación, reduciendo este análisis a una sola variable. Para estos trabajos se ha utilizado el programa informático SPSS versión 29 para Windows, con licencia de la Universidad de A Coruña.

Los resultados del análisis clúster, se han realizado para 2011 y para 2022, mediante un estudio jerárquico, en el que se ha utilizado el método de Ward y la distancia euclídea al cuadrado. Los resultados, recogidos en los correspondientes dendrogramas, se muestran a continuación (Gráfico 6).

Gráfico 6. Dendrogramas clasificación áreas de marisqueo en 2011 y 2022, respectivamente.

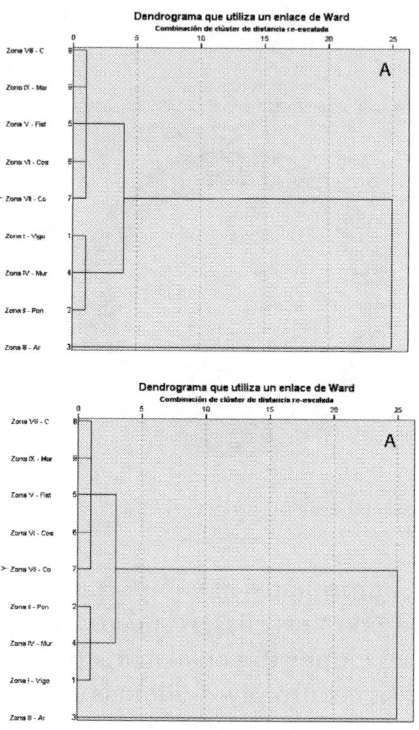

Los resultados muestran que se aprecian tres clústeres diferentes, sintetizados en la Tabla 9.

Tabla 9. Resultados del análisis clúster

Clúster	Clasificación 2011	Clasificación 2022
Clúster 1	Zona VIII - Cedeira	Zona VIII - Cedeira
	Zona IX - Mariña	Zona IX - Mariña
	Zona V - Fisterra	Zona V - Fisterra
	Zona VI - Costa da Morte	Zona VI - Costa da Morte
	Zona VII - Coruña-Ferrol	Zona VII - Coruña-Ferrol

Clúster 2	Zona II - Pontevedra	Zona I - Vigo
	Zona IV - Muros	Zona IV - Muros
	Zona I - Vigo	Zona II - Pontevedra
Clúster 3	Zona III - Arousa	Zona III - Arousa

Fuente: elaboración proipia con datos de la Xunta de Galicia

Este análisis indica que las agrupaciones por zonas geográficas en los años analizados se mantienen, por lo que sus características parecen ser estables en los años inicial y final del período analizado.

Dado que se ha comprobado un cierto envejecimiento de las personas implicadas en la actividad marisquera, en esta investigación se ha tratado de buscar una explicación para justificar el número de mariscadoras mayores de sesenta años, en relación con la participación de otras edades y esta relación se ha hecho para el primer y el último año de la serie, con la intención de determinar la posible existencia de cambios en los patrones de comportamiento. Para ello se ha realizado un análisis de regresión lineal múltiple para ambos años (siendo 2011 el año *i* y 2022 el año *j*), tal como se propone en la Ecuación 1.

$$Y_i = \beta_{oi} + \beta_{1i}X_{1i} + \beta_{2i}X_{2i} + \beta_{3i}X_{3i} + \beta_{4i}X_{4i} + \beta_{5i}X_{5i} \quad \text{Ecuación 1}$$

Siendo:

$i = 2011, 2022$

X_{1i} = Menor ou igual que 20 anos año

X_{2i} = De 21 a 30 años, año

X_{3i} = De 31 a 40 años, año

X_{4i} = De 41 a 50 años, año

X_{5i} = De 51 a 60 años, año

Y_i = Más de 60 años, año

Los resultados en ambos casos (*i, j*), no muestran grandes similitudes, tal como se prueba en la Tabla 10:

Tabla 10. Resultados del análisis de regresión múltiple realizado para los años 2011 y 2022

Edades/años	*i, j*	Coeficientes estandarizados	t-dos colas	Significatividad
≤ que 20 anos_2011	2011 R2 ajustado 0,998	0,213(*)	4,034	0,027
De 21 a 30 anos_2011		-0,420(*)	-3,888	0,030
De 31 a 40 anos_2011		-0,455	-1,979	0,142
De 41 a 50 anos_2011		2,327(*)	7,662	0,005
De 51 a 60 anos_2011		-0,645(*)	-3,221	0,049
≤ que 20 anos_2022	2022 R2 ajustado 0,949	-0,266	-0,947	0,414
De 21 a 30 anos_2022		-0,896	-2,155	0,120
De 31 a 40 anos_2022		0,951	0,976	0,401
De 41 a 50 anos_2022		0,631	0,508	0,647
De 51 a 60 anos_2022		0,506	0,462	0,675

(*) Coeficientes estadísticamente significativos

Los resultados en 2011 son mayoritariamente estadísticamente significativos (*), aunque los signos son variables, algunos positivos y otros negativos, de forma que, con estos resultados, se podría considerar que el número de personas mayores de sesenta años trabajando en el marisqueo en 2011 se relacionaba de forma negativa con las que habían trabajado en los años inmediatamente anteriores (de 51 a 61 años) y también con quienes habían trabajado entre los 21 y los 50 años, encontrándose únicamente una relación positiva entre con las personas que habían mariscado entre 41 y 50 años. Estos resultados se pueden interpretar con dificultad, por diversas razones, pero sugieren un comportamiento poco estable en continuidad en la tarea del marisqueo.

En el año 2022 la relación negativa únicamente se encuentra en los primeros años (desde los menores de 21 años hasta los 30), lo que parece indicar un abandono de la actividad. La relación positiva con el resto de las edades sugiere una mayor estabilidad en la ejecución de la actividad. En cualquier caso, a la vista de que ninguna de las variables es estadísticamente significativa, no se pueden considerar resultados concluyentes.

De nuestra aproximación a través de los estudios econométricos de regresión lineal, por mínimos cuadrados ordinarios, no es, por tanto, concluyente, ni en la comparación entre los años analizados, ni en la interpretación de cada uno de ellos, por separado.

Sin embargo, ante un análisis de regresión lineal utilizado como variable explicativa únicamente las personas trabajando en la edad inmediatamente anterior, sí parece encontrarse cierta afinidad en los años analizados (Véase Ecuación 2).

$$Y_i = \beta_{oi} + \beta_{5i} X_{5i} \qquad \text{Ecuación 2}$$

Tabla 11. Resultados del análisis de regresión múltiple realizado para los años 2011 y 2022

Edades/años	*i, j*	Coeficientes estandarizados	t-dos colas	Significatividad
De 51 a 60 anos_2011	2022 R2 ajustado 0,971	0,987(*)	16,350	< 0,001
De 51 a 60 anos_2022	2022 R2 ajustado 0,937	0,972	10,933	< 0,001

(*) Coeficientes estadísticamente significativos p-valor < 0,001

Las correspondientes ecuaciones (Ecuación 3 y Ecuación 4) para los años 2011 y 2022, se muestran a continuación, estas ecuaciones se corresponden con los resultados mostrados en la Tabla 11).

$$Y_{2011} = 0,987\ X_{5,\ 2011} \text{ (año 2011)} \qquad \text{Ecuación 3}$$

$$Y_{2022} = 0,972\ X_{5,\ 2022} \text{ (año 2022)} \qquad \text{Ecuación 4}$$

En este análisis, los resultados corresponden en ambos casos e indican que existe una relación positiva y estadísticamente significativa entre las personas que trabajan entre los 51 y los 60 años y los que lo hacen a partir de los 60. Este resultado es interesante porque apunta a que las personas que en su madurez laboral se mantienen mariscando, continúan en esta actividad hasta su jubilación, y esto ocurre tanto en 2011 como en 2022.

ANÁLISIS CUALITATIVO

Para este estudio del caso se ha seleccionado la cofradía de Ferrol, por ser de especial interés, por una parte, por contar con gran número de hombres portadores de permisos de marisqueo a pie, ya desde el principio de la serie analizada de años, y, por otra parte, porque se mantiene un cierto equilibrio por edades, mostrando menos tendencia al envejecimiento que la línea general comprobada para Galicia.

La evolución de los permisos de marisqueo a pie en la Zona I, que incluye el área de Coruña-Ferrol, se recogen en el Gráfico 7, donde se aprecia con claridad tanto la disminución en el número total de permisos en los últimos años, como el ascenso del número de hombres, aunque desde la pandemia, tiende a igualarse con el de mujeres.

Gráfico 7. Evolución de los permisos de marisqueo a pie en la Zona I por sexo

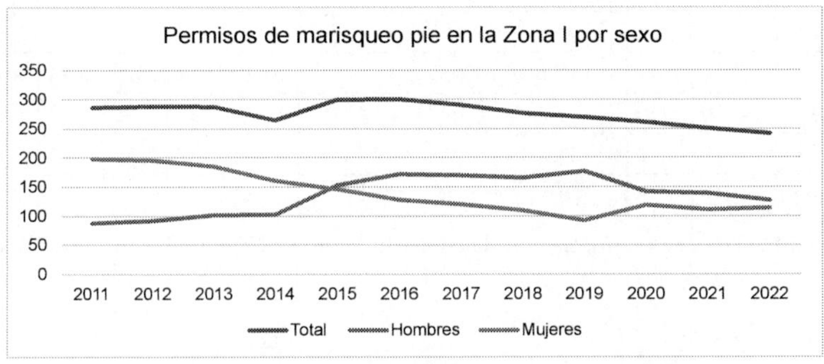

Fuente: elaboración propia con datos del Instituto Gallego de Estadística. IGE.

La distribución por edades de los permisos de marisqueo a pie en la Zona I, se muestran en el Gráfico 8.

Gráfico 8. Evolución de los permisos de marisqueo a pie en la Zona I por edad

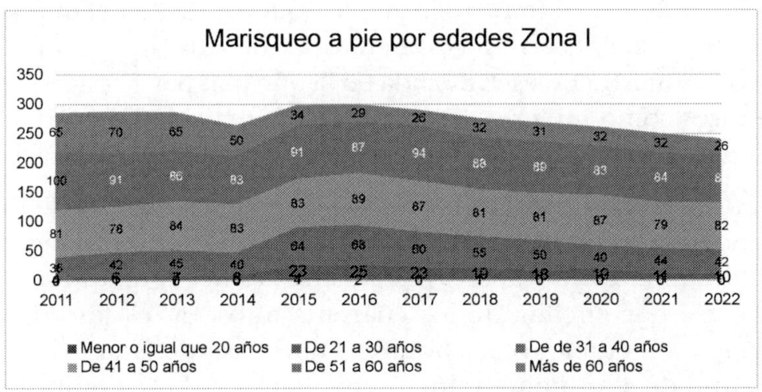

Fuente: elaboración propia con datos del Instituto Gallego de Estadística. IGE.

Por lo que se refiere a la cofradía de Ferrol, se comprueba que estos permisos están mayoritariamente en manos de hombres, quienes prácticamente monopolizan esta actividad, como se muestra en la Tabla 12.

Tabla 12. Permisos de marisqueo a pie por sexo. Cofradía de Ferrol.

Cofradía de Ferrol. Permisos de marisqueo a pie												
	2011	**2012**	**2013**	**2014**	**2015**	**2016**	**2017**	**2018**	**2019**	**2020**	**2021**	**2022**
Total	20	19	17	17	44	43	42	44	39	35	32	30
Hombres	18	17	15	15	41	40	39	41	37	33	31	29
Mujeres	2	2	2	2	3	3	3	3	2	2	1	1

Fuente: elaboración propia con datos del Instituto Gallego de Estadística. IGE.

EL ANÁLISIS CUALITATIVO

El estudio de tipo cualitativo se ha basado en entrevistas en profundidad semiestructuradas, realizadas de forma presencial con mariscadoras de la Zona I (Coruña-Ferrol), en concreto en la Cofradía de Ferrol. Habida cuenta de las especificidades respecto al género en lo relativo al marisqueo a pie, en el que sólo una mujer se encuentra activa en esta Cofradía, hemos optado por una muestra no estratificada en la que han participado tanto hombres como mujeres ejercientes en la actividad marisquera, independientemente de que la realicen a pie o en embarcación.

Las personas que han formado parte del estudio cualitativo se encuentran en el rango de edad que se ha comprobado mayoritariamente en el análisis estadístico, es decir, relativamente mayores, por encima de los cuarenta años, en el caso de las mujeres, sin embargo, los hombres entrevistados son más jóvenes, uno de ellos tiene treinta y cinco años y el otro veintisiete. Todas las personas entrevistadas son expertas en esta tarea, las que llevan más tiempo se encuentran en torno a los treinta años de profesión, los hombres entrevistados llevan menos años, pero en conjunto se sitúan en un promedio de 24,8 años de experiencia. Las edades de comienzo en esta profesión son variadas, oscilando entre los 19 y los treinta y dos años.

Todas las mujeres entrevistadas se dedican al marisqueo en lancha (en la Ilustración 6 se pueden apreciar algunas de las lanchas), ya que la única mujer que practica el marisqueo a pie en la cofradía de Ferrol se encontraba de baja laboral en el momento de realizar estas entrevistas y no pudo ser consultada. Los hombres trabajan en marisqueo a pie y uno en lancha, aunque inicialmente lo hizo también a pie. En cuanto a este particular, señala que prefiere esta segunda opción "*Empecé a los 19 años, primero a pie y luego en lancha. La verdad es que es mucho mejor en lancha". Las mujeres tienden a preferir el marisqueo en lancha y a abandonar la profesión con mayor tendencia que los hombres, debido a que pueden encontrar otro tipo de actividades fuera del mar, tal como señala Juan "Las mujeres no quieren porque encontrarían otra cosa mejor"*.

Ilustración 6. Zona de actividad de la cofradía de Ferrol.

Fuente: elaboración propia

Un trabajo duro al que empuja la necesidad

Todo que se acaba de señalar está relacionado con la dureza de las tareas en el mar, de ahí que a la pregunta de "¿Por qué son las mujeres las que han empezado a realizar esta actividad?", haya unanimidad en señalar la necesidad económica, de una u otra forma, por parte de todos los entrevistados: "*Por necesidad*", "*Porque no tenían otra posibilidad o por relación familiar con el trabajo*", "*Porque los hombres realizaban otras actividades fuera de la costa y las mujeres se quedaban a cargo de la familia*", "*Por ayudar en mi caso para sacar adelante a mis hijos porque me quede viuda*", "*Por ayudar en casa porque tenía muchos hijos*". *Asimismo. Existe unanimidad en que las primeras mujeres mariscadoras iniciaron esta tarea no sólo para proveer a su familia de alimentos, sino también para vender parte de lo que recolectaban, como apoyo a los ingresos familiares: "Para alimentos y para ayudar en casa", "... supongo que para ganar unas pesetas".*

En este contexto, la mayoría de las personas que se involucran en esta actividad tienen familiares que la han realizado previamente: "mi hermana y mi cuñado", "Mi marido y ahora también mi hijo", "mi marido y mi madre", "mi padre"..., únicamente dos personas afirman no tener lazos cercanos, una mujer: "yo era ganadera, y empezó a ser mariscadora", y un hombre: "yo no tengo a ningún familiar en este trabajo".

Se considera determinante la dureza del trabajo realizado, de forma indistinta por hombres y mujeres, para que estas se vean tentadas a abandonar esta ocupación, es frecuente la opinión de que "Este trabajo es muy duro, las mujeres no quieren vienen y se van quedan muy pocas mujeres jóvenes", "es un trabajo muy esclavo, yo realmente no sé por qué las mujeres se van más que los hombres, pero lo que tengo claro es que no me gustaría que mi hija lo realizara porque es muy penoso sobre todo en invierno por los temporales y el frio".

La igualdad de género

Respecto a la igualdad de género, las personas entrevistadas aseguran que no existen diferencias, especialmente en la realización del trabajo: "*Si, tanto trabajan mujeres como hombres en igualdad de condiciones se tira del raño mujeres como hombres*", que asumen en condiciones de igualdad. Sin embargo, es curioso el comentario general de que el ambiente de trabajo es agradable y que se llevan bien con las personas del otro género.

Aunque, tal como se ha señalado hay unanimidad en las respuestas sobre la coincidencia en igualdad plena, se aprecian ciertos aspectos que contradicen esta igualdad, por ejemplo, los dos hombres entrevistados, han manifestado que no han tenido problemas de conciliación familiar, sin embargo, esta es una constante entre las mujeres: *"He tenido 2 hijos y he podido cuidarlos con ayuda de vecinos y de los amigos, porque mi marido trabajaba fuera". "Gracias a mi suegra, que me ayudó con mi hija", "si no fuera por mi madre, no habría podido", "yo no lo he tenido muy fácil, porque tengo dos hijos y no tenía a nadie para ayudarme, así que me apañé con el tiempo que estaban en el colegio, pero tenía que dejar el trabajo para ir a hacerles la comida..."*

Situación laboral y satisfacción personal

En general, se aprecia una satisfacción razonable con el trabajo, especialmente porque disponen de una jornada delimitada y de días de descanso, los fines de semana, cuestión, que en general se valora muy positivamente "*trabajo de lunes a viernes y tengo los fines de semana libres" "En navidad si había buenas mareas pidiéndolo a la Xunta podían trabajar el sábado", aunque con respecto al horario afirman que "trabajamos entre cuatro o cinco horas en el mar y otras cuatro en tierra, con trámites con las capturas, como el pesado en la pontona, los controles de tamaño, la cantidad del producto, llevarlo a la lonja y meterlo en cajas, o llevarlo a la depuración...", "en general, trabajamos ocho horas diarias, pero depende de la temporada, hay momentos con más trabajo y otros con menos"*.

Por otra parte, consideran agradable el ambiente de trabajo y subrayan la importancia del compañerismo. Tanto hombres como mujeres dicen que se llevan bien entre sí: *"creo que tenemos un buen ambiente, nos ayudamos mutuamente. Además, yo me llevo bien con la mayor parte de los hombres" "la verdad es que hay mucho compañerismo", "... me llevo bien, con casi todas las mujeres".* Esta es una actividad de la que vive mucha gente en Ferrol *"No solo sé que comemos muchas familias del marisqueo en Ferrol y comarca, unas 400 familias".* Piensan que la mayoría de las cofradías son similares en su funcionamiento, pero señalan que existen algunas diferencias *"No son iguales, algunas son mejores en Barallobre o Pontevedra las subastas son mejores y la marea negra se paga", "En la gestión unas funcionan mejor que otras dado que hay algunas que pagan mejor porque tienen más compradores".*

En cuanto a las retribuciones, se lamentan de que *"nuestro salario depende de los precios a los que se pague el marisco, así que hay campañas buenas y otras menos", "trabajamos muy fuerte y si comparamos el esfuerzo con lo que cobramos, podríamos decir que no está bien remunerado", "Es un trabajo muy duro y debía de estar mejor pagado, pero como va por subasta y a veces haces un tope y otras veces no porque no hay, o porque estas mal, no tienes un sueldo fijo, por lo que hay días de nada. Dedicamos muchas horas y hay que tener en cuenta la marea, a veces se trabajan 8 horas puede ser que no tengas ninguna retribución",* además, señalan que hay factores imprevisibles que pueden dañar su trabajo *"Por ejemplo estos días con el agua dulce se ha muerto mucho marisco".*

Las enfermedades profesionales y la ayuda institucional

En donde se encuentra también unanimidad respecto a las respuestas a la pregunta "¿Qué enfermedades relacionadas con profesión ha padecido?", ya que absolutamente todas las personas preguntadas han señalado alguna afección "*muchos tenemos problemas con el túnel metacarpiano, yo, además tengo dolor del cuello y rodillas y articulaciones", "He tenido una hernia inguinal, tendinitis, problemas con el túnel metacarpiano, espolón, cervicales, dolencias musculares, en fin..", "Bueno... las articulaciones de pies y brazos y musculatura", "...codo de tenista", "Estoy operada del túnel metacarpiano, tengo dolor del cuello y pies con espolones", "lo peor es el dolor de hombros", "Me duelen todos los huesos, tengo una hernia discal y se me duermen las manos", "pues, aparte de la artrosis , me han operado del túnel metacarpiano, de los dos, y, a mayores, tengo dos hernias discales", "tengo problemas con el túnel metacarpiano".*

Al preguntarles por el apoyo institucional, indican que no se consideran apoyadas, en su mayoría son tajantes *"ni apoyan, ni ayudan", "No nos apoyan lo suficiente, necesitamos más ayudas", "es importante que nos ayuden, hay mucha vigilancia para los legales y no para los ilegales"*, aunque hay alguna opinión menos tajante: *"a ver, ... apoyan, pero no lo suficiente. Los problemas pueden durar hasta un mes o mes y medio y este tiempo no se tienen ayudas, se pasa muy mal no suele tardar mucho, pero tardar un mes desde que se tramitan... ".*

Asimismo, muestran su descontento con los instrumentos que deben aprovisionarse por sí mismas *"son realmente caros, un raño cuesta más de 80 euros"* y no recibimos ayudas, *"a veces te los hacen los ferreiros por encargo, y puedes pedir la devolución de IVA", "dicen que hay ayudas, pero yo no he recibido ninguna, de momento", "Los compro yo y luego en la declaración de la renta te devuelven el IVA. Hay ayudas de la Xunta, pero son difíciles de tramitar solo para el grupo tres, y yo soy del cuatro", "claro, los compro yo porque la mayor parte de las mujeres mariscadoras, unas 40 actualmente en Ferrol, pertenecemos a la tercera lista y al estar en ella no tenemos derecho a que nos proporcionen equipamiento. En el caso de los que están en la tercera lista, que es otro grupo, en el que la mayor parte son hombres, sí les proporcionan equipamiento o ayudas por parte de la Xunta, para comprarlo".*

Se les pregunta como creen que se podría mejorar esta profesión, pero coinciden en la dificultad de mejorarla, por ser una actividad artesanal, que consideran que no puede cambiar mucho *"no cambiaría nada, es un trabajo artesanal"*, aunque alguna señala que *"Si actualmente hay tantos avances, imagino se podría hacer algo para mejorar el trabajo para evitar lesiones, pero no sabría concretar cómo".*

La sostenibilidad silenciosa

Cuando se les habla de las sostenibilidad, muestran relativa sorpresa, puesto que, la mayoría, no se había planteado que su labor tuviese que ver con el desarrollo sostenible, de hecho, todas las personas entrevistadas afirman no saber lo que son los ODS, aunque todas confirman que conocen el organismo de la Organización de Naciones Unidas (ONU), sin embargo algunas contestan que sí creen que tiene que ver su actividad con la sostenibilidad, pero suelen enfocarlo principalmente hacia su labor de limpieza en el mar, así como en las tallas de los mariscos o la siembra, aunque también son conscientes de otras actividades de preservación del medio y de la biodiversidad, las cuales realizan de forma natural: "*Claro, creo que lo que hacemos sí tiene que ver con la sostenibilidad, porque respetamos las tallas del marisco, repoblamos con siembra, se respetan las vedas y ayudas para limpieza de la orillas de baja mar plásticos gomas cristales ropa etc.*"

Una de las cuestiones que les preocupa y en la que en esta investigación se ha encontrado mayores discrepancias entre las personas entrevistadas es respecto al furtivismo, que consideran muy importante controlar, para preservar su trabajo, sin embargo, mientras que algunas optan abiertamente por no decir nada *"no opino"*, *"prefiero no opinar"*, otras se manifiestan completamente en contra, poniendo de manifiesto su enfado *"es completamente injusto, se lucran de todo nuestro trabajo"*, *"no respetan nada, nosotros* sí", e incluso alguna entiende a las personas que lo practican, siempre y cuando respeten las normas que ellos también asumen *"Si fueran respetuosos, no tendría nada que decir porque lo hacen por necesidad pero tienen que respetar y no llevarse todo"*

7. Hacia una Mayor Dignificación del Trabajo de las Mariscadoras

Las conclusiones de este estudio subrayan la importancia de la dignificación del trabajo de las mariscadoras, un colectivo que ha demostrado ser fundamental para la sostenibilidad económica, social y ambiental en Galicia. A continuación, se presentan las conclusiones más relevantes, respaldadas por datos y referencias obtenidas a lo largo de los epígrafes de este trabajo.

El marisqueo, históricamente feminizado, ha sido un pilar económico para muchas familias en Galicia. La participación de las mujeres en esta actividad no solo ha generado ingresos, sino que también ha fomentado la independencia económica y el empoderamiento femenino (Pita et al., 2010; Frangoudes & Pascual-Fernández, 2018). Sin embargo, la evolución reciente muestra una disminución en el número de mujeres mariscadoras y un incremento en la participación masculina, especialmente entre los mayores de 50 años. Este cambio demográfico requiere atención para asegurar que las políticas de género continúen apoyando a las mujeres en el sector (FAO, 2020).

Las condiciones laborales de las mariscadoras son duras y están asociadas con una serie de problemas de salud, como artrosis, lumbalgia, reumatismo y fibromialgia. Es crucial que estas dolencias sean reconocidas como enfermedades profesionales para que las mariscadoras puedan acceder a los beneficios y protecciones necesarios (Santalla, 2011; ISSGA, 2012). Este reconocimiento no solo mejoraría sus condiciones de trabajo, sino que también contribuiría a una mayor dignificación de su labor.

El papel de las mariscadoras en la gestión sostenible de los recursos marinos es esencial. Su conocimiento tradicional y sus prácticas sostenibles han contribuido significativamente a la conservación de la biodiversidad marina (Frangoudes & Pascual-Fernández, 2018). La implementación de políticas que apoyen estas prácticas y la inclusión de las mariscadoras en la toma de decisiones es fundamental para mantener la sostenibilidad del sector (Greenpeace, 2008).

Los perfiles socioeconómicos de las mariscadoras están cambiando, dejando de ser mayoritariamente femeninos, especialmente en lo que se refiere al marisqueo a pie. Las mujeres tienden a preferir el marisqueo en embarcación.

Las mariscadoras están satisfechas con su trabajo, en términos generales, pero se sienten faltas de apoyo institucional, especialmente en momentos puntuales. Esto se desprende tanto del análisis cualitativo como del análisis de regresión realizado.

La situación social de las mariscadoras ha experimentado profundos cambios. Hoy son reconocidas como trabajadoras que realizan una importante labor y son consideradas un elemento central del desarrollo económico y la cohesión social de los territorios costeros. El ecosistema y el desarrollo marino bajo directrices de sostenibilidad según el ODS 14.

Las mariscadoras han conseguido reivindicar sus derechos, movilizándose y organizándose colectivamente y profesionalizando el oficio con el apoyo de las instituciones públicas tanto autonómicas como estatales. A pesar de ello, se sienten discriminadas en su trabajo por razón de género, por lo que la aplicación de la transversalidad en esta materia es una forma de avanzar en muchos aspectos como la responsabilidad, el salario y la salud. También son metas que se incluyen de forma transversal en todos los objetivos del milenio, y en particular en los ODS 5 y 8.

En la actualidad, el perfil mayoritario de las mariscadoras se corresponde con el de profesionales cualificadas y acreditadas, dadas de alta en la Seguridad Social como autónomas dentro del Régimen Especial del Mar, con un nivel de preparación cada vez más elevado, con gran participación en cursos de formación y perfeccionamiento vinculados a su actividad o relacionados con otras competencias. Poseen un destacado conocimiento de los recursos y su explotación bajo principios de sostenibilidad como actividad totalmente artesanal, así como una creciente representación dentro de las estructuras de poder de gremios y agrupaciones que demuestran su paulatino empoderamiento.

A pesar de los cambios en este sector, las mariscadoras deben continuar en el proceso de mejora. Una actividad ejemplar para el sector pesquero y para toda la sociedad gallega por los valores que conlleva esta actividad de sostenibilidad y responsabilidad. En este ámbito, la sostenibilidad y las buenas prácticas en el marisqueo conducirán al desarrollo de los objetivos del milenio.

El tratamiento efectivo del trabajo del marisqueo requiere una política que regule el número de trabajadores que desarrollan esta actividad (licencias o permisos de marisqueo) y controle el furtivismo, que amenaza la naturaleza e incluso la supervivencia de la especie y pone en peligro también a todo el sector marisquero. Por otro lado, las políticas laborales y sociales deben promover la plena inclusión de las mariscadoras en el tejido empresarial y social de la zona no sólo a través de las cofradías sino también a través de las políticas sociales provenientes de Europa, por los postulados de "no dejar a nadie atrás". En este sentido, la integración social de estas trabajadoras abarca un amplio abanico de aspectos, que van desde unas condiciones dignas de vivienda hasta la formación a lo largo de la vida o las prestaciones por desempleo, por lo que debería llevarse a cabo una política de coordinación institucional que unifique los criterios de actuación sobre este colectivo.

En cuanto a la igualdad entre hombres y mujeres, se han conseguido importantes logros gracias a la promoción de la mujer al empleo y a las actividades generadoras de ingresos, así como al acceso a los servicios sociales esenciales. Pero siguen existiendo grandes obstáculos, como la desigualdad y la globalización, que provocan una falta de remuneración económica y un reparto desigual del trabajo entre hombres y mujeres en la pesca. Por ello, cualquier política estatal o autonómica que regule el marisqueo debe estar orientada a la integración social de este colectivo, eliminando los obstáculos que les impiden ejercer sus derechos en igualdad de condiciones que el resto de trabajadores.

Es necesaria la coordinación institucional para la adopción de medidas por parte de los gobiernos y las organizaciones regionales e internacionales en la aplicación de políticas y programas que tengan en cuenta la perspectiva de género y promuevan medidas de acción positiva llevadas a cabo para paliar el desequilibrio que sufren, especialmente, las mujeres mariscadoras que luchan por el mantenimiento de unas artes de pesca tradicionales y sostenibles para que las generaciones futuras sigan disponiendo de caladeros que puedan mantener a sus familias y a sus regiones. Las mujeres mariscadoras son un ejemplo de sostenibilidad social, económica y medioambiental, han sido un bastión de defensa del medio marino y costero desde el origen de su actividad. Estas mujeres constituyen una riqueza y un patrimonio cultural europeo, y un saber hacer único en Europa, cuyo conocimiento es aún escaso. Son un ejemplo de futuro exportable a otras zonas de la Unión Europea para mantener el mar productivo respetando las especies y el medio ambiente.

Se recomienda un tratamiento preventivo de las enfermedades profesionales detectadas en este trabajo, que se encuentran muy extendidas, conforme a las respuestas recibidas.

Asimismo, se considera conveniente, revisar las medidas de apoyo para la conciliación familiar de las mariscadoras, cuya carencia se ha puesto de manifiesto en este trabajo.

Adicionalmente, una política de concienciación y de valorización del trabajo de las mariscadoras ante ellas mismas, sería muy conveniente, porque les estimularía a continuar con su labor como promotoras de la sostenibilidad con mayor entusiasmo, ya que, hasta el momento lo están haciendo de forma natural, por considerar únicamente el valor que tiene para su propio trabajo, sin percatarse (en su mayoría) de la gran importancia que tiene para la sociedad en su conjunto.

La aplicabilidad de este trabajo se despliega en múltiples líneas, todas ellas destinadas a iluminar y valorar la labor de las mariscadoras. En primer lugar, proporciona información valiosa para los gestores de políticas públicas sobre las externalidades de la actividad marisquera, ayudando así a diseñar políticas sostenibles que protejan el mar y sus recursos. Asimismo, este estudio sirve como punto de partida para futuros análisis de investigación en diferentes esferas del marisqueo. Mediante el entendimiento y la colaboración entre las personas que practican el marisqueo y la administración pública, ambos serán favorecidos, al tiempo que se crea una conciencia más profunda sobre la importancia de esta actividad, que va más allá de lo meramente económico. Las mariscadoras, conscientes de su papel vital como promotoras de la sostenibilidad, encuentran aquí un reconocimiento a su labor, lo cual redundará en su bienestar y les animará a continar como baluastres de la defensa del medioambiente marino. También se aporta información crucial para los gestores de políticas sanitarias y de seguridad en el trabajo, al resaltar los problemas de salud recurrentes entre las mariscadoras e identificar enfermedades profesionales específicas del sector.

La voz de las trabajadoras, reflejada en sus experiencias diarias, enriquece la toma de decisiones de los gestores de sostenibilidad alimentaria. Este trabajo no solo aspira a dar a conocer la profesión del marisqueo artesanal como una labor sostenible que respeta los recursos marinos, sino que también busca su desarrollo y conservación para las generaciones futuras. La comarca de Ferrol, el mar y sus trabajadoras, emergen como generadores de empleo y futuro, subrayando la importancia de este oficio para la economía local.

Además, al exponer los desafíos que enfrentan las mariscadoras, se abre una vía para que la sociedad y las instituciones reconozcan estos problemas y trabajen en soluciones efectivas (Valbuena,

Antón 2020). La motivación interna y personal de estas trabajadoras, sus intereses y circunstancias, revelan cómo concilian su vida laboral y familiar en una actividad tan exigente, mostrando a la sociedad la importancia de mantener viva esta tradición.

La publicación y divulgación de este estudio no solo transferirán conocimiento, sino que también promoverán avances en el marisqueo y mejoras en la calidad de vida de las mariscadoras. El conocimiento adquiere valor solo cuando se utiliza, y es esencial que sea accesible para toda la sociedad. Para la comunidad ferrolana, comprender esta actividad sostenible ofrece grandes ventajas, permitiendo conocer cómo se desarrolla en su ría y cómo sus habitantes trabajan arduamente por su mantenimiento, asegurando la continuidad de las especies marinas para las futuras generaciones.

La misión más importante para un investigador es conectar y difundir innovación, trabajo, empresa, sociedad, cultura y desarrollo económico, y todos estos aspectos se han abordado en el presente trabajo (Touriñan, 2019). La transferencia de conocimiento aquí no es solo un aprendizaje continuo, sino una muestra de cómo los trabajadores, al cuidar del medio ambiente, transmiten un patrimonio laboral, cultural y ambiental a las generaciones venideras.

Por último, aunque solo de manera exploratoria, este estudio subraya la necesidad de que el sector sanitario preste atención a las enfermedades profesionales relacionadas con el marisqueo, destacando una vez más la complejidad y la importancia de este ancestral oficio. En este contexto, las principales recomendaciones, para avanzar hacia una mayor dignificación del trabajo de las mariscadoras, se recomiendan las siguientes acciones:

1. Reconocimiento oficial de las enfermedades profesionales asociadas al marisqueo.
2. Políticas de apoyo específicas para mantener y aumentar la participación de las mujeres en el sector.

3. Fortalecimiento de las cofradías y asociaciones de mariscadoras para mejorar la gestión y sostenibilidad de los recursos.
4. Educación y formación continua para las mariscadoras en prácticas sostenibles y derechos laborales.

Es previsible que estas acciones no solo mejorarán la calidad de vida de las mariscadoras, sino que también asegurarán la sostenibilidad económica y ambiental del marisqueo en Galicia.

8. Referencias bibliográficas

Agra, M. J. B., & Calenti, R. A. M. (2016). Cofradías de pescadores. *Revista Jurídica de Economía Social y Cooperativa, 29, 117-146.*

Alló, M., & Loureiro, M. L. (2017). The role of social norms on conservation programmes in shellfish fisheries. Marine Policy, 84, 134-141. https://doi.org/10.1016/j.marpol.2017.07.008

Ballester Pastor, I. (2020). Políticas públicas de fomento de la igualdad de la mujer en la pesca. *Políticas públicas de fomento de la igualdad de la mujer en la pesca, 99-138.* E., ed., BOSCH.

Barberis, G. M. F., Centeno, M. C. G., & Ródenas, M. D. C. E. (2019). Salud y pobreza, ODS de la Agenda 2030,¿ un reto posible de alcanzar?. *Anales de ASEPUMA, (27), 13.*

Barrio García, G. (1998). Las cofradías de pescadores en el derecho español. *Anuario da Facultade de Dereito da Universidade da Coruña, 1998:2,* pp.161-188.

Blanco Valbuena, C., & Antón Reglero, F. (2020). La transferencia de conocimiento y tecnología: Clave para la creación de conocimiento. In *Transferencia de conocimiento: Experiencias y vivencias en las empresas creativas y culturales Carlos Blanco Valbuena* (14-39). OmniaScience.

Borreguero, M. (2017). Mujeres mariscadoras: identidad y economía de subsistencia en una iniciativa turística que busca certificar la RSE. *Estudios Turísticos,* (211-212), 189-201.

Broullón Acuña, E. (2010) Culturas marítimas y relaciones de poder. la trayectoria del marisqueo a pie en las rías bajas gallegas, *Cuadernos de estudios gallegos, LVII N.º 123, enero-diciembre,* 375-399.

Brundtland, G. H. (1987). World Commission on Environment and Development. Our Common Future. Oxford Univesity Press.

Bürgin, A. C. (2020). Las mujeres en la pesca a la luz de los Objetivos de Desarrollo Sostenible y los Convenios Internacionales de Derechos Humanos. *Las mujeres en la pesca a la luz de los Objetivos de Desarrollo Sostenible y los Convenios Internacionales de Derechos Humanos, 51-74.*

Caballero Miguez, G., Garza Gil, M. D., & Varela Lafuente, M. M. (2008). Institutions and management of fishing resources: The governance of the Galician model. Ocean & Coastal Management, 51(8-9), 625-631. https://doi.org/10.1016/j.ocecoaman.2008.06.003.

Carril Vázquez, X. M. C. (2010). La protección social de la mujer en las actividades marítimo-pesqueras. In *Aspectos laborales y de seguridad social de las mujeres en el sector marítimo* (pp. 85-106). Servicio Central de Publicaciones. Argitalpen Zerbitzu Nagusia. Servicio Central de Publicaciones del Gobierno Vasco, Basauri, p,90.

Comisión de Pesca del Parlamento Europeo, (2008), Las mujeres y el desarrollo sostenible de las zonas de pesca.

European Commission. (2016). *Study on the role of women in the fisheries sector.* Retrieved from https://ec.europa.eu/fisheries/sites/fisheries/files/docs/body/study-role-women-fisheries_en.pdf

FAO (2016), Promover la igualdad de género y el empoderamiento de las mujeres en la pesca y la acuicultura, Roma, p.4.

FAO (2018) El estado mundial de la pesca y la acuicultura, cumplir los objetivos del desarrollo sostenible, p.11.

FAO (2020). *In focus: Women and the Sustainable Development Goals (SDGs): SDG 8: Decent work and economic growth.* UN Women Headquarters. Recuperado de https://www.unwomen.org (UN Women) (SDG House)

Fernández-Gonzalez, R., Perez-Perez, M.I., Perez Varela, R. (2021). Impacto de la crisis COVID-19: Análisis del comportamiento de los sectores pesquero y marisquero en Galicia (España), Boletín de Contaminación Marina 169, 8.

Food and Agriculture Organization of the United Nations (FAO). (2016). *The State of World Fisheries and Aquaculture 2016: Contributing to food security and nutrition for all.* Rome: FAO. https://www.fao.org/3/i5555e/i5555e.pdf

Frangoudes, K., & Pascual-Fernández, J. J. (2018). Women in fisheries: A European perspective. In *The Small-Scale Fisheries Guidelines* (pp. 439-460). Springer, Cham. https://doi.org/10.1007/978-3-319-55074-9_21

Frangoudes, K., Marugán-Pintos, B., & Pascual-Fernández, J. J. (2008). From open access to co-governance and conservation: The case of women shellfish collectors in Galicia (Spain). Marine Policy, 32(2), 223-232. https://doi.org/10.1016/j.marpol.2007.09.007

García Lorenzo, I. (2021). El papel de las cofradías de pescadores de Galicia en la consecución de los Objetivos de Desarrollo Sostenible: Protección de los recursos marinos y equidad. CIRIEC-España, Revista de Economía Pública, Social y Cooperativa, 102, 97. https://doi.org/10.7203/CIRIEC-E.102.18388

García Negro, M. D. C. G., & Tarrío, Y. N. Z. (2006). El trabajo de las mujeres en el sector pesquero gallego: análisis de los problemas relacionados con su tratamiento estadístico. Revista Galega de Economía, 15(1), 1-25.

García, P. M. (2017). Sobre invisibilidades en el mar. Discriminación mediática hacia las trabajadoras de la pesca. In La desigualdad de género invisibilizada en la comunicación:(aportaciones al III Congreso Internacional de Comunicación y Género y al I Congreso Internacional de Micromachismo en la comunicación) (pp. 61-62). Dykinson..

Gobierno de España (2021). Estrategia de desarrollo sostenible 2030. Un proyecto de país para hacer realidad la agenda 2030 Ministerio de Derechos Sociales y Agenda 2030. Centro de Publicaciones . Disponible online en https://cpage.mpr.gob.es/ consultado en noviembre de 2023.

Greenpeace. (2008). *Principles for Sustainable Fisheries.* Recuperado de https://www.greenpeace.org

Harper, S., Zeller, D., Hauzer, M., Pauly, D., & Sumaila, U. R. (2013). *Women and fisheries: Contribution to food security and local economies.* Marine Policy, 39, 56-63. https://doi.org/10.1016/j.marpol.2012.10.018

Instituto de Seguridad y Salud Laboral de Galicia, (ISSGA, 2012). Diagnóstico sobre la situación profesional de las mujeres en el oficio del marisqueo en España, pp.20-35.

ISSGA. (2012). *Estudio sobre las enfermedades profesionales en el sector del marisqueo en Galicia. Instituto de Seguridad y Salud Laboral de Galicia.*

Kleiber, D., Harris, L. M., & Vincent, A. C. (2015). Gender and small-scale fisheries: a case for counting women and beyond. Fish and Fisheries, 16(4), 547-562.

López, C. R., & Varela, J. M. V. (1999). El aprovechamiento de los recursos marinos en la prehistoria y la antigüedad de Galicia. Boletín do Museo Provincial de Lugo, (9), 335-366.

López-Arranz, A., Picatoste, X., & González-Laxe, F. (2023). Pioneers of Sustainable Development: Women Shellfishers on the Galician Coast. En W. Leal Filho, M. A. P. Dinis, S. Moggi, E. Price, & A. Hope (Eds.), SDGs in the European Region (pp. 1519-1545). Springer International Publishing. https://doi.org/10.1007/978-3-031-17461-2_80

Magalhäes de Andrade, L., (2021). La agenda 2030 como herramienta de impacto positivo en las interacciones sociales, laborales y medioambientales del sector pesquero: un estudio del caso en Galicia, en Los desafíos de la pesca sostenible: diagnóstico y propuestas desde una óptica jurídica, Fernández Prol, F., (coord.), Bosch, pp. 430-434.

Mahou Lago, X. M. M. (2007). Implementación y gobernanza: la política de marisqueo en Galicia (Doctoral dissertation, Universidade de Santiago de Compostela). Disponible en http://egap.xunta.es/

Documentos/Publicacions/[1275644264]marisqueo_public68.pdf , consultado en febrero de 2022.

Martínez Yañez, N. (2020). El asociacionismo como motor para la igualdad del trabajo de la mujer en la pesca. Análisis Jurídico del Trabajo de la Mujer en la Pesca, Martínez Yáñez, N.M., y Rodríguez Rodríguez, E., ed., BOSCH, p. 286.

Marugán Pintos, B., (2003), Estrategias laborales ante los desafíos ecológicos globales, La ventana, pp. 107-13.

Marugan, Pintos B., (2012), La organización de las mariscadoras como agentes de transformación social, Em Debate, pp. 86-89.

Meliá Martí, E. (2021). Cofradía de pescadores, en Antuñón Maruri, I., y Monzón Campos, L., Guía Laboral de la Economía Social Valenciana, pp. 275-280.

Menoyo, M. Á. M. (2020). El camino hacia los ODS. Comillas Journal of International Relations, 19, 1-11.

Ministerio de Agricultura Alimentación y Medio Ambiente (2015). Red española de mujeres en el sector pesquero. Situación de la mujer en el sector pesquero español, p. 15.

Ministerio de Agricultura Alimentación Y Medioambiente (2016). Diagnóstico, sobre la situación profesional de las mujeres en el oficio del marisqueo en España, pp. 13-20.

O Marisqueo Galego (2022). Página web del marisqueo gallego. https://mariscogalego.com/blog/sequeiras/

Organización Internacional del Trabajo (OIT). (2011), Salud y seguridad en el trabajo desde la perspectiva de género.

Organización Naciones Unidas (ONU). (2015). Asamblea General. Transformar nuestro mundo: la Agenda 2030 para el desarrollo Sostenible, Resolución 70/1, de 25 de septiembre de 2015, punto 3. P.4.

Pardellas de Blas, X. (1989). El trabajo de la mujer en la pesca y el marisqueo en Galicia. Actas de las Jornadas de Economía y Sociología de las Comunidades Pesqueras, 431-438.

Pérez Losada, F. (1991). Los asentamientos en la Galicia Romana, en Rodríguez Iglesias , F. Galicia Historia. I Prehistoria-Historia Antigua, Hércules Ediciones, A Coruña, pp.404-440.

Pita, C., Pascual-Fernández, J., & Bavinck, M. (2010). The role of women in the fisheries sector of Spain: Perspectives from the South and the North. *Maritime Studies,* 9(2), 55-83. https://www.marecentre.nl/mast/documents/Mastvol9no2_55-83.pdf

Plaza García, M. y Espinosa de los Monteros, J. (2006). Mariscadoras gallegas: una aproximación a su situación actual, retos y oportunidades. Observatorio Español de Acuicultura, p. 23.

Rodríguez-Pose, A., & Fratesi, U. (2004). Between development and social policies: The impact of European Structural Funds in Objective 1 regions. *Regional Studies, 38*(1), 97-113. https://doi.org/10.1080/00343400310001632226

Rumeu de Armas, A. (1981). Historia de la previsión social en España. Cofradía, Gremios hermandades y Montepíos, Barcelona , ed, Albir, pp. 125-234.

Santalla, M., (2011). Dos de cada tres mariscadoras padecen trastornos musculares. en Boletín Red Española de Mujeres, p. 25.

Sebastián, J. (2008). La transferencia de conocimientos en la cooperación al desarrollo. Arbor, 184(732), 719-728.

Taboada Mella, M. S. (2004). El papel de las instituciones en el origen y en la evolución de la cofradía de pescadores gallega: estudio de casos. Ed. Universidad de Santiago de Compostela servicio de publicaciones e intercambio científico.

Touriñán López, J. M. (2019). La transferencia de conocimiento como proceso: de la universidad al sector educativo. Una mirada desde la pedagogía. Boletin Redipe, 8(3), 19-65.

UN General Assembly, U. N. (2015). Transforming our world: The 2030 Agenda for Sustainable Development. New York: United Nations, Journal Article.

UNICEF, (2017), Perspectiva de género P 13.

Varela Lafuente, M.M. (1990). Política pesquera en Galicia, Economistas nº 45 y 46, pp. 110-112.

Villasante, S., Tubío, A., Ainsworth, G., Pita, P., Antelo, M., & Da-Rocha, J. M. (2021). Rapid assessment of the COVID-19 impacts on the Galician (NW Spain) seafood sector. Frontiers in Marine Science, 8, 737395.

Williams, M. J. (2018). *Gender, Fisheries and Aquaculture: Social Capital and Knowledge for the Transition Towards Sustainable Use of Aquatic Ecosystems.* WorldFish. https://hdl.handle.net/20.500.12348/4159

Xunta de Galicia (2018) La implantación de la agenda 2030 de desarrollo sostenible en la Xunta de Galicia principales implicaciones y propuestas. Documento elaborado por Guillermo Santarder Campos y Jorge A. Pérez Pineda (UCM) a petición de la Dirección General de Relaciones Exteriores y con la UE Vicepresidencia y Consellería de Presidencia, Administraciones Públicas y Justiza. Xunta de Galicia.

Disponible online en https://cooperacion.xunta.gal/sites/w_coopga/files/estudos/estudio_implantacion_de_los_ods_en_la_xunta_de_galicia.pdf Consultado en noviembre de 2023.

9. Anexo

EL CUESTIONARIO REALIZADO

PREGUNTAS

1. ¿Cuántos años lleva realizando este trabajo?
2. ¿A qué años empezó a realizarlo?
3. ¿Alguien de su familia previamente ya lo realizaba?
4. ¿Cree que las primeras mujeres mariscadoras recogían marisco para el consumo de la familia?
5. ¿Por qué son las mujeres las que han empezado a realizar esta actividad?
6. ¿Por qué cree que ahora se están incorporando más hombres a la profesión?
7. ¿Estaba soltera o casada cuando comenzó?
8 ¿Cómo realizaba la conciliación familia, número de hijos?
9. ¿Se consideran bien retribuidas?
10. ¿Qué enfermedades relacionadas con profesión ha padecido?
11. ¿Cómo es el ambiente de trabajo?
12. ¿Qué mejoras realizaría?
13. ¿los utensilios de trabajo son de su propiedad o se los proporcionan ?
14. ¿Tienen equipamiento de Trabajo?
15. ¿Tiene algún hijo que continúe en el futuro esta profesión?

16. ¿Se siente satisfecha con su trabajo?
17. ¿Se siente respaldada por las instituciones (ej. Consellería, Xunta) cuando precisa de su ayuda, por ejemplo por mareas rojas o algo similar?
18. ¿Ha oído hablar alguna vez de los ODS (Objetivos del Desarrollo Sostenible?
19. ¿Sabe lo que es la ONU o Naciones Unidas?
20. ¿Cree que algo de lo que le acabo de decir tiene que ver con su trabajo?
21. ¿Se considera una persona preocupada por la sostenibilidad? ¿Se había planteado usted alguna vez, que con su trabajo está ayudando a la preservación ambiental del planeta?
22. ¿Se había planteado usted alguna vez que con su trabajo está ayudando a la defensa de la igualdad de género?
23. ¿Se había planteado usted alguna vez, que con su trabajo está ayudando a la preservación de un equilibrio en la sociedad en la que vive y desarrolla su trabajo?
24. ¿Cree que la situación de las mariscadoras es parecida en todas las cofradías?

COMENTARIOS

1. ¿Qué le diría usted a alguien que practica el furtivismo de forma habitual?
2. ¿Cree que su labor está reconocida por la sociedad, su familia, sus amigos, en definitiva, por todas las personas e instituciones, como realmente se merece?